PRECURSORES DE LA FE

PRÓLOGO POR JOHN MACARTHUR

PRECURSORES DE LA FE

13 LECCIONES PARA ENTENDER Y APRECIAR LOS FUNDAMENTOS DE LA HISTORIA DE LA IGLESIA

NATHAN BUSENITZ

Publicado en © 2024 por palabras de Gracia
en conjunto con The Master's Academy International
SemDex Colombia
Carrera 45a # 118 - 96
Bogotá, Colombia
www.palabrasdegracia.com
www.semdex.org

Impreso en Colombia

CONTENIDO

PRÓLOGO

Por John MacArthur

La historia de la Iglesia comienza y termina con Jesucristo. De principio a fin, la era de la Iglesia está marcada por su primera y segunda venidas. La ascensión de nuestro Señor al cielo y el envío de su Espíritu en Pentecostés marcan el comienzo de la historia de la Iglesia; su regreso por su esposa pondrá fin a la era de la Iglesia.

El Señor Jesús no solo define el alcance de la historia de la Iglesia, sino que es el foco supremo de cada parte. Cristo es la Cabeza de la Iglesia y el Señor de la historia. De manera que, tanto la Iglesia como su historia existen para magnificar la gloria de Cristo. Un día, la Iglesia en la tierra será reunida en el cielo, y el tiempo mismo será envuelto en la eternidad. La historia de la Iglesia no existirá más. Sin embargo, el propósito doxológico para el que fue ordenada perdurará para siempre cuando los santos glorificados de cada tribu y lengua eleven sus voces en alabanzas sin fin al Cordero.

Un estudio de la historia de la Iglesia, propiamente definido, fija el enfoque en el Señor Jesús. Pone nuestros ojos en Él (Hebreos 12:2). La historia da testimonio tanto de su obra como de su Palabra y genera, como resultado, una adoración genuina. Generación tras generación vemos la verdad de la obra salvadora de Cristo transformando radicalmente las vidas a través del poder del evangelio. Vemos la autoridad de su Palabra triunfar repetidamente sobre los errores heréticos y las filosofías vacías, ya que gobierna la fe y la práctica de los redimidos. También vemos la resonante respuesta, cuando su pueblo se une en alabanza y acción de gracias. Los salones de la historia de la Iglesia reverberan con la adoración de los redimidos, desde los días de los apóstoles hasta el presente.

Precursores de la fe ofrece una introducción atractiva y accesible a la historia de la Iglesia. Pero hace mucho más que solamente presentar la información de manera clara y sencilla. Armado con una lente bíblica, *Precursores de la fe* eleva los ojos de sus lectores más allá de los eventos y figuras del pasado. Se centra en el Señor Jesús, en su obra, en su Palabra y en la adoración que Él merece. Ya sea que te embarques este viaje de descubrimiento por ti mismo o como parte de un grupo, seguramente saldrás con un mayor sentido de asombro y maravilla por todo lo que el Señor ha hecho a través de los siglos para edificar su Iglesia.

A la fecha, demasiados creyentes siguen ignorando su historia como miembros del cuerpo de Cristo. Algunos pueden ser indiferentes, ignorando los ejemplos fieles y las importantes lecciones que todavía esperan por ser descubiertas. Otros se sienten intimidados, temerosos de que el tema los exponga al error y la confusión. *Precursores de la fe* atraviesa la niebla con claridad bíblica y relevancia práctica. Si eres nuevo en el tema o si simplemente deseas refrescar tu aprecio por la riqueza de la herencia cristiana, has llegado al lugar adecuado. En las siguientes páginas te espera un viaje cautivante y que exalta a Cristo.

CÓMO UTILIZAR ESTE MANUAL

Consejos para preparar y presentar el material

PARA EL MAESTRO

Precursores de la fe es un plan de estudios diseñado para introducir al creyente a la rica herencia de la Iglesia histórica. Está diseñado para centrarse en las figuras clave de la historia de la Iglesia, mientras que proporciona un marco básico para la comprensión de los acontecimientos y desarrollos significativos.

Los alumnos deben completar el *Manual del Estudiante* mientras te escuchan presentar el material. El material que necesitan para completar su cuaderno de trabajo se encuentra en este manual *Edición del Maestro*.

Ser un profesor eficaz implica tanto una preparación cuidadosa como una presentación clara. Aquí tienes algunos consejos útiles para maximizar tu eficacia en ambas áreas.

Preparación cuidadosa

La planificación y la preparación adecuadas son fundamentales para una enseñanza eficaz. Este cuaderno de trabajo *Edición del Maestro* te proporciona un plan de lecciones claro para seguir. El plan de estudios ha sido diseñado considerando una lección por semana.

Comienza por descargar y escuchar la lección correspondiente en **www.tms.edu/es/precursores**. Estas lecciones en **audio** entrarán en más detalles y matices de lo que se puede lograr debido al formato limitado de este libro de trabajo. Sigue el manual de la *Edición del Maestro* y toma notas según sea necesario.

Lee las preguntas de debate. Utiliza tu Biblia para formular una respuesta. Es importante mostrar a los alumnos a lo largo de estas lecciones que la Biblia, y no la historia de la Iglesia, es la máxima autoridad del creyente.

Acude a la clase con un sólido conocimiento del material. Utiliza el material de este manual *Edición del Maestro* como tus apuntes de clase. El objetivo es proporcionarte la estructura y los puntos de conversación necesarios para presentar el contenido. También corresponde con los cuadernos de trabajo que los estudiantes utilizarán durante la clase.

Presentación clara

Gestiona bien el tiempo. Cada lección está pensada para una hora de clase, pero puede adaptarse a una duración distinta. Es importante como profesor que administres el tiempo con cuidado para que la lección tenga el ritmo adecuado.

Familiarízate con el material. Conocerlo bien te permitirá mantener contacto visual y mostrar libertad al presentar el contenido.

Amplía las notas. Las notas impresas no están pensadas para ser leídas textualmente. Más bien, están concebidas como temas de conversación. Si escuchas la lección y preparas cuidadosamente el material, podrás ampliar lo que está impreso en este manual.

Responde las preguntas de los alumnos. Permite que te hagan preguntas y dialoga con ellos sobre el material. Si no sabes la respuesta a una pregunta, con honestidad hazlo de su conocimiento y proponte a investigarla para poder responder más adelante. (También puedes animarlos a que investiguen y te informen de sus hallazgos en la siguiente clase).

 ► Para las preguntas que implican cuestiones teológicas o morales, asegúrate de utilizar la Palabra de Dios para responder. Como se señaló anteriormente, es importante demostrar que la Escritura, no la historia de la Iglesia, es la autoridad del creyente.

Gózate. La actitud de los alumnos hacia el material probablemente reflejará la tuya. Si demuestras entusiasmo por la historia de la Iglesia, ese entusiasmo será contagioso. También hará que el tiempo de clase sea mucho más efectivo.

Ampliando el enfoque

Algunos profesores buscarán profundizar en su estudio de la historia de la Iglesia, más allá de lo que se incluye en este conciso manual. Aunque los recursos en internet son abundantes y a menudo gratuitos, no siempre son fiables. He aquí algunos recursos recomendados:

Recursos en español:

 ► Justo L. González, *Historia del cristianismo* (Editorial Carisma).

 ► Alfonso Ropero, *Obras escogidas de los Padres Apostólicos* (Editorial CLIE).

 ► Alfonso Ropero, *Obras escogidas de Tertuliano* (Editorial CLIE).

 ► *Curso de Teología Histórica en el Instituto de Expositores* (idex.tms.edu).

Recursos en inglés:

 ► Nick Needham, *2000 Years of Christ's Power*, 4 vols. (Christian Focus)

 ► Sinclair Ferguson, *In the Year of Our Lord* (Reformation Trust).

 ► Earl Cairns, *Christianity through the Centuries* (Zondervan).

 ► Stephen Nichols, *Five Minutes in Church History Podcast* https://www.5minutesinchurchhistory.com/

 ► Robert Godfrey, *A Survey of Church History* (Ligonier Ministries).

INTRODUCCIÓN

¿POR QUÉ ESTUDIAR LA HISTORIA DE LA IGLESIA?

Razones por las que todo cristiano debería de preocuparse por el pasado

I. INTRODUCCIÓN

Como profesor de historia de la Iglesia me enfrento a menudo al reto de atraer a los estudiantes a un tema que, en principio, puede parecer poco familiar o interesante. A pesar de las ideas erróneas, la historia de la Iglesia no es ni aburrida ni irrelevante. Es mucho más que nombres, fechas, líneas de tiempo y gráficos.

Algunos estudiantes piensan de inicio: *Odio la historia.* Tal vez sea así, pero el estudio de la historia de la Iglesia no es principalmente sobre la historia. Se trata de la Iglesia, la esposa de Cristo, la institución más preciosa en la tierra. Se trata de lo que Dios ha estado haciendo en el mundo durante los últimos dos mil años. Esto significa que debería importarle a cada creyente.

Otros podrían preguntarse por qué deberían estudiar la historia de la Iglesia si nuestro enfoque principal debería ser el estudio de la Biblia. Sin duda, la dieta espiritual diaria del cristiano debe consistir en la leche pura de la Palabra (1 Pedro 2:1-3). Sin embargo, el estudio de la historia de la Iglesia es un ejercicio rico y provechoso. Nunca puede reemplazar el estudio de las Escrituras, pero puede enriquecerlo al aprender de las generaciones anteriores de creyentes que estudiaron y aplicaron fielmente la verdad bíblica.

Para ser claros, la Palabra de Dios es la autoridad final sobre la historia de la Iglesia. Pero el estudio de la historia de la Iglesia, cuando se evalúa a través de la lente de las Escrituras, es un ejercicio de afirmación de la fe. He experimentado esa realidad de primera mano. Cuanto más he investigado la historia de la Iglesia, más he llegado a apreciar el poder y la autoridad de la Palabra de Dios porque he visto ese poder vívidamente ilustrado en los testimonios de las generaciones pasadas de creyentes.

Es responsabilidad del profesor convencer al alumno de la importancia y relevancia de la materia que se enseña. Cuando me preguntan por qué es tan importante la historia de la Iglesia, si solo tengo uno o dos minutos para responder, suelo destacar los tres puntos siguientes utilizando el acrónimo ABC.

A de _______Apologética_______. Los creyentes de hoy deben interesarse por la historia de la Iglesia porque les ayudará a protegerse de las falsas enseñanzas. El estudio de la historia de la Iglesia nos ayuda a entender cómo surgieron los movimientos falsos y cómo los creyentes del pasado los han refutado.

B de _______Biografía_______. Los pasillos de la historia de la Iglesia están llenos de relatos convincentes de hombres y mujeres fieles que hicieron grandes sacrificios por seguir a Cristo. Sus ejemplos nos motivan a caminar de una manera digna del evangelio.

C de _______Curiosidad_______. El estudio de la historia de la Iglesia responde a muchas preguntas y nos muestra importantes conexiones. Explica cómo el cristianismo, a nivel más amplio, llegó a ser lo que es hoy. ¿Cómo se desarrollaron ciertas prácticas o movimientos? ¿Por qué las cosas son como son? La historia de la Iglesia nos ayuda a encontrar respuestas a esas líneas de investigación.

II. DIEZ RAZONES PARA ESTUDIAR LA HISTORIA DE LA IGLESIA[1]

Si me das un poco más de tiempo para responder a la pregunta: «¿Por qué es importante la historia de la Iglesia?», podemos enumerar diez razones, las cuales representan una ampliación de los tres puntos enumerados anteriormente.

1. **Estudiar la historia de la Iglesia es importante porque la mayoría de los cristianos contemporáneos no saben mucho al respecto, pero deberían.**

Lamentablemente, la mayoría de los evangélicos contemporáneos saben muy poco sobre la historia del cristianismo. Incluso en los círculos reformados la comprensión de la historia de la Iglesia a menudo se remonta solo a la Reforma. Pero la historia del evangelio se remonta a todo el Nuevo Testamento.

Si tu conocimiento de la historia de la Iglesia salta del apóstol Juan (en Patmos) a Martín Lutero (en Wittenberg), con muy poco o nada en el medio, deberías considerar llenar esos vacíos. Los mil quinientos años entre Pentecostés y la Reforma incluyen a muchas personas significativas, creyentes y líderes fieles, a quienes Dios utilizó de manera estratégica para avanzar en sus propósitos del Reino.

La historia de la Iglesia evangélica (cada uno de los dos mil años) es una mina de oro de tesoros teológicos. En sus intentos de tornar juvenil la Iglesia, muchas congregaciones evangélicas desdeñan la historia como si fuera anticuada y sin importancia. Nos hacemos un gran daño si elegimos permanecer ignorantes.

¿Considera Dios que la historia es importante? Por supuesto que sí. Aunque no se trata de la historia de la Iglesia, Dios utilizó la historia de Israel para enseñarle verdades espirituales a lo largo del Antiguo Testamento (véase Deuteronomio 6:21-25). En el Nuevo Testamento, el Espíritu Santo tuvo a bien inspirar un libro de historia de la Iglesia que comienza en el día de Pentecostés y se extiende hasta el primer encarcelamiento de Pablo en Roma.

Aunque el registro inspirado de la historia de la Iglesia termina con el libro de los Hechos, los cristianos son bendecidos en contar con recursos maravillosos que detallan la historia de la Iglesia desde el primer siglo hasta el presente. Aquellos que ignoran las profundas riquezas de su propia herencia espiritual no saben lo que se pierden, esto es, la oportunidad de ser desafiados, instruidos y alentados en la fe por aquellos que nos precedieron.

2. **Porque Dios actúa en la historia. De hecho, la historia es un testimonio de la soberana providencia de Dios.**

Perdón por el cliché, pero realmente la historia es su historia. Todo está funcionando de acuerdo con sus planes, y Él está orquestando todo para su gloria eterna (ver 1 Corintios 15:20-28). Dios se declara el Señor de la historia:

> **Isaías 46:9-10** *Acordaos de las cosas anteriores ya pasadas, porque yo soy Dios, y no hay otro; yo soy Dios, y no hay ninguno como yo, que declaro el fin desde el principio y desde la antigüedad lo que no ha sido hecho. Yo digo: «Mi propósito será establecido, y todo lo que quiero realizaré».*

Estudiar la historia de la Iglesia nos recuerda que nuestro Dios está en su trono. Él reina. Él está cumpliendo perfectamente sus propósitos y preservando providencialmente a su pueblo y su verdad en cada generación. No importa cuán inmoral o antagónica hacia Dios se vuelva la sociedad, ya sabemos cómo termina la historia. Qué consuelo hay en recordar que el Señor de la historia está trabajando todas las cosas para su gloria y nuestro bien.

Una de las mayores lecciones teológicas que cualquier creyente puede aprender es descansar en la soberanía de Dios. Las Escrituras están llenas de ejemplos de hombres y mujeres que confiaron en Dios y actuaron sobre la base de su fe en Él (véase Hebreos 11). La historia de la Iglesia también está llena de ejemplos maravillosos de cristianos fieles cuyas vidas son testimonios del cuidado providencial de su Padre celestial.

3. **Porque el Señor Jesús dijo que edificaría su Iglesia. Estudiar la historia de la Iglesia es ver cómo se desarrolla su promesa.**

En **Mateo 16:15-18**, leemos:

*[Jesús] les dijo: Y vosotros, ¿quién decís que soy yo? Respondiendo Simón Pedro, dijo: Tú eres
el Cristo, el Hijo del Dios viviente. Y Jesús, respondiendo, le dijo: Bienaventurado eres, Simón,
hijo de Jonás, porque esto no te lo reveló carne ni sangre, sino mi Padre que está en los cielos.
Yo también te digo que tú eres Pedro, y sobre esta roca edificaré mi iglesia; y las puertas del
Hades no prevalecerán contra ella.*

La Iglesia está establecida sobre la verdad del evangelio de que Jesús es el Cristo, el Hijo del Dios vivo. La historia invencible de la Iglesia es la evidencia de que Él es realmente quien dijo ser.

La Iglesia es la única institución que Jesús estableció. Esa es una razón suficiente para estudiar su historia. Además, su promesa (que las puertas del infierno nunca vencerán a la Iglesia) nos da una razón para confiar incluso cuando la Iglesia parece ser débil y enfermiza. La promesa de Cristo nos mantiene optimistas, porque nuestra esperanza está en Él y no en las cosas de este mundo.

Cuando estudiamos la historia de la Iglesia, recordamos aquellos tiempos en los que las puertas del infierno parecían abominables y amenazantes y, sin embargo, la Iglesia sobrevivió y prevaleció gracias al poder de Dios. Cuando cristianos valientes fueron perseguidos duramente hasta la muerte por causa de la verdad; o cuando el arrianismo amenazaba con invadir el Imperio romano y Atanasio se opuso, aparentemente solo, al mundo entero; o cuando el sistema sacramental de la iglesia tardomedieval amenazaba con eclipsar el evangelio de la gracia; o cuando la teología liberal se infiltró en las universidades de la sociedad occidental de los siglos XIX y XX.

Estos y otros innumerables ejemplos nos animan a afrontar los retos y persecuciones de hoy con la confianza de saber que pertenecemos a una causa que no puede fallar.

4. **Porque la historia de la Iglesia es nuestra historia. Como creyentes, somos miembros del cuerpo de Cristo y parte de la novia de Cristo.**

Cuando estudiamos la historia de la Iglesia, no nos limitamos a estudiar personas, lugares y acontecimientos. Se trata de la historia de la esposa de Cristo. Si pertenecemos a Cristo, entonces nosotros también somos parte de esa novia. Como explicó Pablo a los efesios.

> **Efesios 5:25-27** *Maridos, amad a vuestras mujeres, así como Cristo amó a la iglesia y se dio a sí mismo por ella, para santificarla, habiéndola purificado por el lavamiento del agua con la palabra, a fin de presentársela a sí mismo, una iglesia en toda su gloria, sin que tenga mancha ni arruga ni cosa semejante, sino que fuera santa e inmaculada.*

Cuando estudiamos la historia de la Iglesia, llegamos a ver quiénes somos, de dónde venimos y cómo encajamos en el flujo de la obra del reino de Dios en el mundo. Estamos estudiando nuestro árbol genealógico espiritual. El propio Señor Jesús se preocupa profundamente por su novia (ver Apocalipsis 1–3), y nosotros también deberíamos hacerlo.

En la práctica, una de las mejores maneras de recordar que formamos parte de un cuerpo de creyentes que se extiende a lo largo de los siglos es cantando himnos. Nos conectamos con la historia de la Iglesia cuando cantamos himnos como: *Sé tú mi visión* (*Be Thou My Vision*, por su título en inglés, es un himno irlandés del siglo VI), *Oh rostro ensangrentado* (*O Sacred Head Now Wounded*, por su título en inglés, escrito por Bernardo de Claraval en el siglo XII o Arnulfo de Louvian en el XIII) o *Castillo Fuerte* (*A Mighty Fortress*, por su título en inglés, escrito por Martín Lutero en el siglo XVI).

Conocer la historia que hay detrás de los himnos nos recuerda que pertenecemos al cuerpo colectivo de creyentes, la Iglesia universal. Así como tenemos hermanos y hermanas en todo el mundo, también tenemos hermanos y hermanas de generaciones pasadas que ahora están en el cielo regocijándose alrededor del trono de Cristo. El estudio de la historia de la Iglesia nos permite conocerlos, por así decirlo, al leer sus testimonios y aprender sobre sus vidas. También nos recuerda que algún día no muy lejano iremos a unirnos con ellos en la alabanza eterna, cuando veamos a nuestro Salvador cara a cara.

Estudiar la historia de la Iglesia nos recuerda que formamos parte de algo más grande que nosotros mismos, que nuestras propias congregaciones locales e incluso que el siglo en el que vivimos. Formamos parte de la esposa de Cristo, y su esposa está formada por todos los redimidos de cada generación.

5. **Porque la sana doctrina ha sido guardada y transmitida fielmente por generaciones a lo largo de la historia.**

En **2 Timoteo 2:2** Pablo le dijo a su hijo en la fe: *Y lo que has oído de mí en la presencia de muchos testigos, eso encarga a hombres fieles que sean idóneos para enseñar también a otros.* Estudiar la historia de la Iglesia es conocer a las generaciones de cristianos que amaron la verdad bíblica y la transmitieron fielmente a los que vinieron después. Además, es alentador saber que las verdades que amamos han sido amadas de la misma manera por los creyentes desde la época de los apóstoles.

El estudio de la historia de la Iglesia nos recuerda que nos apoyamos en los hombros de los que nos precedieron. Los pasillos de la historia están llenos de relatos de aquellos que amaron la verdad y lucharon valientemente por preservarla. Por lo tanto, aunque reconocemos que la historia de la Iglesia no es autoritativa (solo la Escritura lo es), somos sabios al recoger la sabiduría de los líderes, teólogos y pastores de la iglesia del pasado. Sus credos, comentarios y sermones representan toda una vida de meditación en el texto bíblico y de caminar con Dios. No sería prudente ignorar sus voces y sus puntos de vista, ya que nosotros también tratamos de trazar correctamente la Palabra.

Además, cuando estudiamos la historia de la Iglesia, recordamos que vale la pena luchar (y morir) por algunas verdades. Recordamos que formamos parte de algo más grande que nosotros mismos. Al igual que los que nos han precedido, nosotros también tenemos la responsabilidad de custodiar fielmente el tesoro de la verdad bíblica y la sana doctrina que se nos ha confiado, teniendo cuidado de transmitirlo a los que nos seguirán.

6. **Porque, mientras que somos animados por la historia de la verdad, también somos advertidos por la historia del error. Esto nos permite estar equipados como apologetas.**

El Nuevo Testamento está lleno de advertencias sobre la falsa enseñanza, tanto refutándola en el primer siglo como advirtiendo que vendría en los siglos siguientes (Hechos 20:28-30; 1 Timoteo 4:1). Cuando estudiamos la historia de la Iglesia, aprendemos no solo la historia de la verdad, sino también la historia del error. Vemos dónde se originaron las herejías y las sectas, además de que tenemos el beneficio de ver cómo se defiende la ortodoxia y se preserva la verdad.

El Nuevo Testamento llama a todos los cristianos a ser capaces de defender la fe. En las palabras de **1 Pedro 3:15**: *Sino santificad a Cristo como Señor en vuestros corazones, estando siempre preparados para presentar defensa ante todo el que os demande razón de la esperanza que hay en vosotros, pero hacedlo con mansedumbre y reverencia.* **Tito 1:8-10** exige igualmente que un anciano debe ser uno que retenga *la palabra fiel que es conforme a la enseñanza, para que sea capaz también de exhortar con sana doctrina y refutar a los que contradicen.* Esa es una cualidad que todos los creyentes deberían emular.

Cualquier defensa de la fe cristiana debe basarse en las Escrituras. Por lo que la historia de la Iglesia también sirve como una valiosa y suplementaria herramienta apologética.

Por ejemplo, conocer un poco de historia de la Iglesia acalla rápidamente las acusaciones necias contra el cristianismo; es especialmente útil para dar testimonio a los católicos, musulmanes, mormones, testigos de Jehová y miembros de otros cultos *pseudocristianos*. Entender la historia de la Iglesia es incluso útil para defender áreas clave de la doctrina, y demostrar que una comprensión evangélica contemporánea de las Escrituras no se ha desviado de las enseñanzas de la iglesia apostólica.

Como creyentes, se nos ordena estar preparados para defender nuestra esperanza. El estudio de la historia de la Iglesia es un aliado en esa causa.

7. **Porque tenemos mucho que aprender de los que caminaron con Dios (cp. Hebreos 11).**

En **Hebreos 12:1** leemos acerca de «una gran nube de testigos»: creyentes de generaciones pasadas cuyas vidas dan testimonio de la fidelidad de Dios. Aunque el autor de Hebreos se refería específicamente a los santos del Antiguo Testamento (véase Hebreos 11), los testimonios de todos los que nos han precedido son un poderoso estímulo para continuar siendo fieles.

La fidelidad al Señor, a su Palabra y a su pueblo, es lo que define a un héroe de la fe. También la historia de la Iglesia nos ofrece muchos hombres y mujeres fieles entre los cuales elegir. Sus vidas deberían inspirarnos, motivarnos y alentarnos a correr la carrera con paciencia. Su perspectiva centrada en el cielo nos recuerda que debemos mantener nuestros ojos en Cristo, el autor y perfeccionador de la fe. Como de manera célebre dijo C. S. Lewis: «Si lees la historia, descubrirás que los cristianos que más hicieron por el mundo actual fueron precisamente los que pensaron más en el mundo que estaba por venir». La recolección de este tipo de joyas devocionales comienza con la lectura de la historia de la Iglesia.

Los pastores experimentados hablan a menudo de identificar «mentores» en la historia de la Iglesia, cristianos fieles del pasado cuyas vidas han estudiado y desean emular. Esta es una práctica que todos los creyentes deberían considerar seriamente. En la opinión de este escritor, la biografía cristiana debería ser una parte básica de la dieta de lectura regular de cualquier creyente. Recomiendo encarecidamente leer al menos una biografía de historia de la Iglesia cada año. Esta simple práctica le animará e inspirará a continuar siendo fiel.

8. **Porque al igual que podemos aprender de los buenos ejemplos de los cristianos fieles (véase la razón 7), también tenemos mucho que aprender de los que fracasaron en diversos momentos.**

Es un dicho conocido, pero a menudo cierto: los que no conocen la historia están condenados a repetir los errores del pasado.

En la historia de la Iglesia vemos ejemplos de todo tipo de fracasos espirituales. Hay quienes se desviaron hacia la herejía, quienes dieron paso a la corrupción, quienes negaron la fe y quienes cayeron moralmente. Las vidas de estos individuos nos sirven de advertencia.

En **1 Corintios 10:1-13** el apóstol Pablo utiliza la ilustración negativa de los israelitas en el desierto para enseñar a sus lectores una importante lección espiritual. El ejemplo de Pablo sienta un precedente para la forma en que pensamos tanto en la historia bíblica como en la historia de la Iglesia.

Podemos aprender poderosas lecciones sobre aquello a evitar de cosas como: la entrada del paganismo en el cristianismo romano, la corrupción del papado, las Cruzadas, el desarrollo del liberalismo, etc. Aprender de los fracasos del pasado nos ayuda a no repetir esos mismos errores.

La historia de la Iglesia es la prueba de que el fracaso espiritual puede llegar rápidamente con resultados devastadores, un punto ilustrado en el Nuevo Testamento por los gálatas, que fueron rápidamente tentados a abandonar el evangelio verdadero (Gálatas 1:6-9).

Nos recuerda la necesidad de estar atentos, de vigilar de cerca nuestra vida y nuestra doctrina para no caer en trampas y en escollos similares.

9. **Porque el estudio del pasado nos ayuda a comprender los recursos, las oportunidades y las libertades que disfrutamos en el presente.**

A menudo damos por sentadas las bendiciones que disfrutamos al vivir en la era moderna. El estudio de la historia de la Iglesia nos recuerda los grandes sacrificios realizados y los retos a los que se enfrentaron las generaciones anteriores de creyentes. Esto aumenta nuestro agradecimiento por lo que tenemos, y nos motiva a ser buenos administradores de las increíbles oportunidades que Dios nos ha concedido.

La historia de la Biblia en español, por ejemplo, nos recuerda que debemos estar agradecidos por tener un ejemplar personal de la Palabra de Dios en nuestra propia lengua. La historia de la persecución nos anima en nuestra evangelización, ya que somos testigos de la fidelidad de los mártires y reconocemos lo únicas que son las libertades de las que disfrutamos. La historia de las misiones nos hace agradecer los avances en los viajes y la tecnología, al tiempo que nos inspira a hacer más en nuestro esfuerzo por alcanzar el mundo para Cristo.

También es interesante, como nota al margen, darse cuenta de que nuestra generación representa la primera en luchar realmente con las implicaciones de la era de la información para la Iglesia. En muchos sentidos, la tecnología moderna nos ofrece oportunidades que las generaciones anteriores nunca podrían haber imaginado. Pero estos avances también nos obligan a pensar cuidadosa y bíblicamente sobre la forma en que los utilizamos. Estamos sentando el precedente de la forma en que las generaciones futuras pensarán en la interacción de la Iglesia con la tecnología y los medios de comunicación.

10. **Porque la historia da a los cristianos del siglo XXI una perspectiva correcta sobre su propio lugar en la era de la Iglesia.**

Es importante darse cuenta de que formamos parte de la historia de la Iglesia. Somos parte de la actual generación de creyentes, por tanto, tenemos la responsabilidad de guardar fielmente la verdad y transmitirla a los que vengan después de nosotros.

Estudiar la historia de la Iglesia nos ayuda a reconocer que formamos parte de algo mucho más grande que nosotros mismos, que nuestra congregación local o incluso que el movimiento evangélico tal y como existe hoy. La historia del cristianismo abarca dos milenios, de los cuales nosotros no somos más que un parpadeo momentáneo.

El estudio de la historia de la Iglesia también nos abre los ojos al hecho de que cada generación de creyentes se ve muy afectada por la época y la cultura en la que vive, de manera que ni siquiera ellos mismos se dan cuenta de los efectos. Podemos entonces, a su vez, preguntarnos qué impacto tiene nuestra cultura en nuestra propia aplicación de la verdad bíblica.

Por último, y lo más importante, el estudio de la historia de la Iglesia nos ayuda a recordar que Cristo es el Señor de la Iglesia en todos los tiempos; y a recordarnos el gran privilegio que supone servirle. También nos motiva a esperar el día en que Él regrese y la historia de la Iglesia llegue oficialmente a su fin.

III. CÓMO EMPEZAR

Armado con las razones por las que el estudio del pasado es importante, ahora estás listo para embarcarte en un viaje a través de dos mil años de historia cristiana.

Considera que una serie de trece lecciones solo puede rascar la superficie con respecto a todo lo que Dios ha hecho en los últimos dos milenios.

El objetivo de estas lecciones es triple: (1) presentarte algunas de las principales figuras y acontecimientos de la historia de la Iglesia, (2) proporcionarte un marco histórico básico para entender la historia de la Iglesia, y (3) animarte en la fe al ofrecerte una visión de lo que Dios ha hecho en las generaciones anteriores.

PARTE I

LA ERA APOSTÓLICA

(SIGLO I)

EL MARCO BÍBLICO

Identificando los pilares de la fe

PASAJE CLAVE: 2 Timoteo 1:13–14

Retén la norma de las sanas palabras que has oído de mí, en la fe y el amor en Cristo Jesús. Guarda, mediante el Espíritu Santo que habita en nosotros, el tesoro que te ha sido encomendado.

Pilar doctrinal 1: La Palabra de Dios		Pilar doctrinal 2: La obra de Dios		Pilar doctrinal 3: La adoración a Dios
	Siglos XVI-XX		Edad Moderna Temprana/Tardía	
	Siglos XI-XV		Alta/Tarde Edad Media	
	Siglos VI-X		Alta Edad Media	
	Siglos II-V		Período Patrístico	

El fundamento: Jesucristo y el testimonio apostólico acerca de Él

I. IMAGINANDO LA IGLESIA COMO UN EDIFICIO

Una de las metáforas del Nuevo Testamento para la Iglesia es la de un edificio. Jesús mismo prometió edificar su Iglesia y garantizó que no fallaría (véase Mateo 16:18).

Las Escrituras señalan a Cristo (y su verdad) como el fundamento sobre el que se construye la Iglesia.

1 Corintios 3:9-11 *Porque nosotros somos colaboradores de Dios, y vosotros sois labranza de Dios, edificio de Dios [...] Pues nadie puede poner otro fundamento que el que ya está puesto, el cual es Jesucristo.*

Efesios 2:19-22 *Así pues, ya no sois extraños ni extranjeros, sino que sois conciudadanos de los santos y sois de la familia de Dios, edificados sobre el fundamento de los apóstoles y profetas, siendo Cristo Jesús mismo la piedra angular, en quien todo el edificio, bien ajustado, va creciendo para ser un templo santo en el Señor, en quien también vosotros sois juntamente edificados para morada de Dios en el Espíritu.*

1 Pedro 2:4-5 *Y viniendo a Él como a una piedra viva, desechada por los hombres, pero escogida y preciosa delante de Dios, también vosotros, como piedras vivas, sed edificados como casa espiritual para un sacerdocio santo, para ofrecer sacrificios espirituales aceptables a Dios por medio de Jesucristo.*

- Pedro continúa en los vv. 6-8 explicando que Jesucristo es la piedra angular sobre la que se construye la Iglesia.

La Iglesia universal está formada por creyentes que han abrazado al Señor Jesús mediante la fe salvadora. Han construido sus vidas sobre el fundamento de Cristo y su Palabra. Como Jesús mismo explicó en el sermón del monte:

Mateo 7:24-25 *Por tanto, cualquiera que oye estas palabras mías y las pone en práctica, será semejante a un hombre sabio que edificó su casa sobre la roca; y cayó la lluvia, vinieron los torrentes, soplaron los vientos y azotaron aquella casa; pero no se cayó, porque había sido fundada sobre la roca.*

❖ **Para conversar.** Lee 1 Corintios 3:16-17. ¿Cómo encaja la descripción que hace Pablo de la congregación de Corinto con la metáfora de un edificio? ¿Cuáles son las consecuencias para los falsos maestros que intentan destruir la Iglesia?

II. TRES PILARES DOCTRINALES

Siguiendo la metáfora de un edificio, podríamos preguntar: ¿cuáles son los pilares doctrinales esenciales que definen la ortodoxia bíblica y caracterizan a la verdadera Iglesia?

El Nuevo Testamento identifica tres de estos pilares doctrinales. La verdadera Iglesia se caracteriza por su compromiso con:

1. _La supremacía de la Palabra de Dios_. La verdadera Iglesia mira a las Escrituras como su autoridad final para la doctrina (lo que hay que creer) y la práctica (cómo vivir). Los seguidores de Jesús se someten a Él al someterse a su Palabra (Juan 10:27).

2. _La suficiencia de la obra de Dios_. La verdadera Iglesia entiende que la obra redentora de Cristo cumplió todo lo necesario para la salvación. Los pecadores son justificados por la gracia de Dios a través de la fe en Cristo, aparte de sus propios méritos u obras.

3. _La santidad de la adoración a Dios_. La verdadera Iglesia adora al Dios trino (Padre, Hijo y Espíritu Santo) en espíritu (pureza de devoción) y en verdad (pureza de doctrina). Rechaza las formas falsas de adoración y repudia cualquier cosa que pueda distorsionar o distraer su sincera devoción a Dios.

En contraste, el Nuevo Testamento se enfrenta y condena a aquellos que (1) socavan la autoridad de las Escrituras, o (2) añaden obras al evangelio de la gracia, o (3) contaminan la adoración sin mácula que Dios requiere.

En esta lección desarrollaremos estos puntos a partir de la Biblia. Estos tres pilares proporcionan un marco doctrinal a través del cual podemos evaluar la historia de la Iglesia.

A. La supremacía de la Palabra de Dios.

La verdadera Iglesia abraza y se somete a la Palabra de Dios.

Debido a que Jesús es la cabeza de la Iglesia, su Palabra es la autoridad para su pueblo. Pablo destacó tanto la autoridad como la suficiencia de las Escrituras cuando le dijo a Timoteo:

> **2 Timoteo 3:16-17** *Toda Escritura es inspirada por Dios y útil para enseñar, para reprender, para corregir, para instruir en justicia, a fin de que el hombre de Dios sea perfecto, equipado para toda buena obra.*

Por el contrario, los falsos maestros tratan de socavar las Escrituras. Por ejemplo, en el libro de 2 Pedro, Pedro denunció a los que niegan la Palabra de Dios al distorsionar su enseñanza o tratando de frustrar su autoridad (2 Pedro 3:16-17).

En Marcos 7, Jesús dejó claro que la Palabra de Dios tiene más autoridad que las tradiciones de los hombres. Cuando los fariseos se enfrentaron a Jesús porque sus discípulos no seguían las tradiciones extrabíblicas del judaísmo del primer siglo, Él los reprendió:

Marcos 7:5-13 *Entonces los fariseos y los escribas le preguntaron: ¿Por qué tus discípulos no anda conforme a la tradición de los ancianos, sino que comen con manos inmundas? Y Él les dijo: Bien profetizó Isaías de vosotros, hipócritas, como está escrito:*

«ESTE PUEBLO CON LOS LABIOS ME HONRA, PERO SU CORAZÓN ESTÁ MUY LEJOS DE MÍ. MAS EN VANO ME RINDEN CULTO, ENSEÑANDO COMO DOCTRINAS PRECEPTOS DE HOMBRES».

Dejando el mandamiento de Dios, os aferráis a la tradición de los hombres. También les decía: Astutamente violáis el mandamiento de Dios para guardar vuestra tradición [...] invalidando así la palabra de Dios por vuestra tradición, la cual habéis transmitido, y hacéis muchas cosas semejantes a estas.

Como explicó Jesús, la Palabra de Dios sustituye a la tradición religiosa. La Escritura es la autoridad sobre la tradición, no al revés.

Este es un principio importante para pensar bíblicamente sobre la historia de la Iglesia. A medida que las tradiciones comienzan a desarrollarse a través de los siglos, deben ser evaluadas a través del lente de la verdad bíblica.

❖ **Para conversar.** Lee Juan 10:27. Según este versículo, ¿cuál es una de las marcas que definen a los seguidores de Jesús? ¿Cómo debería aplicarse esa realidad a la Iglesia y su relación con la Palabra de Cristo (Colosenses 3:16-17)?

¿Qué pasa con la tradición apostólica?[1]

Algunos segmentos de la cristiandad en general, como el catolicismo romano y la ortodoxia oriental, elevan la tradición religiosa a un nivel de autoridad igual al de las Escrituras. Esto se debe a que sus sistemas incluyen creencias y prácticas que no se encuentran en la Biblia.

Para justificar su elevación de la tradición religiosa señalan versículos del Nuevo Testamento que hablan de la tradición apostólica.

Entre esos versos se encuentran los siguientes:

1 Corintios 11:2 *Os alabo porque en todo os acordáis de mí y guardáis las tradiciones con firmeza, tal como yo os las entregué.*

2 Tesalonicenses 2:15 (DHH) *Así que, hermanos, sigan firmes y no se olviden de las tradiciones que les hemos enseñado personalmente y por carta.*

2 Tesalonicenses 3:6 (NTV) *Aléjense de todos los creyentes que llevan vidas ociosas y que no siguen la tradición que recibieron de nosotros.*

Aunque estos pasajes mencionan la palabra «tradición», ¿justifican realmente las tradiciones no bíblicas que se han desarrollado a lo largo de los siglos en la historia de la Iglesia?

Para responder a esta pregunta considera los siguientes cuatro puntos:

1. La palabra «tradición» viene de una palabra griega que significa ___lo que se entrega___. La palabra latina, *traditio*, significa ___lo que se transmite___, y es de esta palabra latina de donde procede la palabra en castellano *tradición*.

Por eso, cuando vemos la palabra «tradición» en el Nuevo Testamento asociada a los apóstoles no se refiere a un elaborado sistema litúrgico de costumbres no bíblicas, como los que se encuentran en el catolicismo romano o en la ortodoxia oriental de hoy.

En cambio, se refiere a la instrucción apostólica que se dio a la Iglesia, ya sea a través de la enseñanza y la predicación o a través de la Escritura.

Por lo tanto, no debemos leer las costumbres posteriores de la patrística y la era medieval en la palabra «tradición» del Nuevo Testamento. Hacerlo sería anacrónico y erróneo.

2. La tradición apostólica se ha conservado para nosotros en los escritos _____ del Nuevo Testamento _____. Cuando leemos el Nuevo Testamento encontramos exactamente lo que los apóstoles enseñaron.

No tenemos que preguntarnos sobre el contenido de la tradición apostólica, porque está registrada para nosotros en las páginas de la Escritura.

Cuando evaluamos la tradición extrabíblica a la luz del Nuevo Testamento estamos aplicando la instrucción autoritativa de Cristo y los apóstoles a esa tradición.

Hacemos bien en evaluar cualquier cosa que pretenda ser apostólica o autorizada contra el estándar de lo que sabemos que es apostólico y autorizado. Dicho de otro modo, debemos evaluar la tradición extrabíblica con el criterio de la Escritura.

3. El Nuevo Testamento instruye a los creyentes a evaluar todas las enseñanzas y tradiciones a la luz de _____ la Palabra de Dios _____.

El Nuevo Testamento advierte repetidamente a la Iglesia sobre la amenaza de los falsos maestros. Pablo instó a los tesalonicenses (en 1 Tesalonicenses 5:21) a «examinarlo todo cuidadosamente». Hizo una advertencia similar en Colosenses 2:8:

> **Colosenses 2:8** *Mirad que nadie os haga cautivos por medio de su filosofía y vanas sutilezas, según la tradición de los hombres.*

Evitamos los errores de las falsas enseñanzas y las tradiciones heréticas examinando cuidadosamente todo según el estándar de la verdad divina: la Palabra de Dios.

En **2 Timoteo 3:16-17** la declaración de Pablo sobre la inspiración y la suficiencia de las Escrituras viene después de su advertencia sobre los falsos maestros. ¿Cuál es el antídoto contra la falsa enseñanza? La Palabra de Dios.

Los creyentes pueden diferenciar entre la verdad y la falsedad evaluándola a la luz de las Escrituras.

Incluso el apóstol Pablo invitaba a ese tipo de escrutinio. Por eso Lucas puede decir de los de Berea, que escucharon las enseñanzas de Pablo, que *eran más nobles que los de Tesalónica, pues recibieron la palabra con toda solicitud, escudriñando diariamente las Escrituras, para ver si estas cosas eran así* (Hechos 17:11).

Aunque era un apóstol, Pablo acogió con agrado el afán de los bereanos por comprobar la veracidad de sus enseñanzas con la norma de la revelación escrita.

Cuando evaluamos las tradiciones extrabíblicas a través de la lente de las Escrituras, estamos haciendo exactamente lo que los propios apóstoles nos dicen que hagamos en el Nuevo Testamento: examinar todo cuidadosamente y hacerlo escudriñando las Escrituras.

Por lo tanto, podemos afirmar sin temor a equivocarnos que cualquier tradición que no esté a la altura de las Escrituras no es ni apostólica ni autorizada.

4. La iglesia primitiva consideraba los escritos de los apóstoles como inherentemente ___autoritativos___. Entendían que cualquier tradición no bíblica debía ser evaluada con el estándar de las Escrituras.

Se podrían dar muchos ejemplos de la historia de la iglesia primitiva para ilustrar este punto. Considera los dos siguientes:

> **Ireneo (ca. 130–202):** «No hemos aprendido de ningún otro el plan de nuestra salvación, sino de aquellos [se refiere a los apóstoles] por los que ha llegado hasta nosotros el evangelio, que en un tiempo proclamaron en público, y, en un período posterior, por voluntad de Dios, nos lo transmitieron [forma verbal de la palabra "tradición"] en las Escrituras, para que fuera el fundamento y la columna de nuestra fe».[2]

Ireneo reconoció que, lo que los apóstoles enseñaron de forma oral, lo transmitieron a la Iglesia en los escritos de la Biblia.

Un siglo y medio más tarde, Basilio de Cesarea habla de sus batallas teológicas contra los seguidores de Arrio, un falso maestro que negaba la deidad de Cristo. Observa lo que dice Basilio.

> **Basilio (330–379):** «No considero justo que la costumbre [o tradición] que prevalece entre ellos sea considerada como una ley y regla de ortodoxia. Si se va a tomar la costumbre como prueba de lo que es correcto, entonces ciertamente tengo derecho a presentar del mismo modo la costumbre que prevalece aquí. Si ellos rechazan esto, claramente no estamos obligados a seguirlos. Por lo tanto, dejemos que las Escrituras inspiradas por Dios decidan entre nosotros; y en el lado en el que se encuentren doctrinas en armonía con la Palabra de Dios, será depositado el voto de la verdad».[3]

Para Basilio, cuando se trataba de tradiciones conflictivas entre los seguidores de Arrio y los defensores de la sana doctrina, la solución era acudir a la Palabra de Dios. La Escritura es el árbitro sobre la tradición, porque supera a la tradición. Solo lo que está de acuerdo con la Palabra de Dios puede considerarse verdadero.

Se podrían dar otros ejemplos, pero el punto es este: la verdadera Iglesia se somete a la Palabra de Dios como su autoridad final, incluso por encima de la tradición religiosa.

❖ **Para conversar.** ¿Puedes pensar en un ejemplo de una tradición religiosa no bíblica? Si tuvieras que evaluar esa creencia o práctica tradicional desde una perspectiva bíblica, ¿qué dirías de ella?

B. La suficiencia de la obra de Dios.

Cuando hablamos de la obra de Dios en esta lección, nos centramos específicamente en la obra de la salvación.

Los falsos maestros y los movimientos errantes se caracterizan por una comprensión errónea del evangelio. Intentan añadir alguna forma de esfuerzo humano a lo que la Escritura enseña que es enteramente obra de Dios.

El Evangelio bíblico afirma que los pecadores son justificados ante Dios sobre la base _______________ solamente de su gracia _______________. (Lucas 18:14). La salvación es un don de Dios recibido por medio de la fe, aparte de nuestras obras, basado únicamente en la obra terminada de Cristo.

En respuesta a los que trataban de añadir obras santurronas al evangelio de la gracia, el apóstol Pablo emitió esta severa reprimenda:

> **Gálatas 1:6-8** *Me maravillo de que tan pronto hayáis abandonado al que os llamó por la gracia de Cristo, para seguir un evangelio diferente; que en realidad no es otro evangelio, solo que hay algunos que os perturban y quieren pervertir el evangelio de Cristo. Pero si aun nosotros, o un ángel del cielo, os anunciara otro evangelio contrario al que os hemos anunciado, sea anatema.*

En **Hechos 16:30-31,** cuando el carcelero de Filipos preguntó: «¿Qué debo hacer para ser salvo?». La respuesta de Pablo fue sencilla: «Cree en el Señor Jesucristo, y serás salvo».

En su carta a los romanos, Pablo reiteró la idea de que «el hombre es justificado por la fe, sin las obras de la ley» (Romanos 3:28). En el capítulo 4 presentó a Abraham como ejemplo de justificación por la fe. Y en el capítulo 5 reiteró que, porque «hemos sido justificados por la fe, tenemos paz con Dios por medio de nuestro Señor Jesucristo» (Romanos 5:1).

Considera algunas de las otras declaraciones de Pablo sobre la gracia de Dios en la salvación:

> **Romanos 11:6** *Pero si es por gracia, ya no es a base de obras, de otra manera la gracia ya no es gracia. Y si por obras, ya no es gracia.*

> **Efesios 2:8-9** *Porque por gracia habéis sido salvados por medio de la fe, y esto no de vosotros, sino que es don de Dios; no por obras, para que nadie se gloríe.*

> **Filipenses 3:8-9** *No teniendo mi propia justicia derivada de la ley, sino la que es por la fe en Cristo, la justicia que procede de Dios sobre la base de la fe.*

> **Tito 3:4-7** *Pero cuando se manifestó la bondad de Dios nuestro Salvador, y su amor hacia la humanidad, Él nos salvó, no por obras de justicia que nosotros hubiéramos hecho, sino conforme a su misericordia, por medio del lavamiento de la regeneración y la renovación por el Espíritu Santo, que Él derramó sobre nosotros abundantemente por medio de Jesucristo nuestro Salvador, para que justificados por su gracia fuésemos hechos herederos según la esperanza de la vida eterna.*

A lo largo de su ministerio, Pablo hizo hincapié en la verdad del evangelio, porque reconocía la importancia vital de lo que estaba en juego (Gálatas 2:5).

❖ **Para conversar.** Dada la importancia del evangelio, ¿cómo se lo explicarías a alguien? ¿Qué versículos incluirías al presentar la buena noticia de que los pecadores pueden ser salvados mediante la fe en Cristo?

C. La santidad de la adoración a Dios.

La verdadera Iglesia adora al Dios trino (Padre, Hijo y Espíritu Santo), tanto en pureza de ___ devoción ___ como en pureza de _______ doctrina _______.

Por el contrario, los falsos maestros distorsionan la verdad sobre Dios o introducen competidores en la adoración pura que solo Él merece.

Como dijo Jesús a la mujer junto al pozo:

> **Juan 4:23** *Pero la hora viene, y ahora es, cuando los verdaderos adoradores adorarán al Padre en espíritu y en verdad; porque ciertamente a los tales el Padre busca que le adoren.*

En este versículo vemos que la adoración que Dios requiere es pura tanto en espíritu (devoción) como en verdad (doctrina). Consideremos estas dos facetas de la adoración aceptable con más detalle.

1. Pureza de devoción: la adoración sin mancha está reservada solo para Dios. Elimina ___________distracciones___________ y rechaza a los ________competidores________.

El Antiguo Testamento está repleto de mandatos relativos a la adoración exclusiva y sin distracciones que le corresponde a Dios.

- Según Isaías 42:8, el Señor es un Dios celoso que no comparte su gloria con ningún otro.

- El segundo de los Diez Mandamientos condena a los que adoran a los ídolos, incluidos los que construyen una imagen esculpida con el fin de adorarla (Éxodo 20:4).

- Un relato interesante del Antiguo Testamento se refiere a las reformas realizadas por el rey Ezequías:

  > **2 Reyes 18:4** *Quitó los lugares altos, derribó los pilares sagrados y cortó la Asera. También hizo pedazos la serpiente de bronce que Moisés había hecho, porque hasta aquellos días los hijos de Israel le quemaban incienso; y la llamaban Nehustán.*

- La serpiente de bronce que Dios mandó hacer a Moisés para los israelitas en Números 21:8-9 se había convertido en un objeto de veneración para ellos en los días de Ezequías. Estaba compitiendo y contaminando la adoración pura a Dios. Como resultado, Ezequías la destruyó.

En el Nuevo Testamento se condenan igualmente todas las formas de idolatría.

- Pablo dijo a los corintios que «huyeran de la idolatría» en 1 Corintios 10:14, mientras que elogió a los tesalonicenses porque «se convirtieron a Dios de los ídolos para servir a un Dios vivo y verdadero» (1 Tesalonicenses 1:9).

- El apóstol Juan advirtió de forma similar a sus lectores en **1 Juan 5:21**: *Hijos, guardaos de los ídolos.*

Como demuestran estos pasajes, la adoración que Dios requiere es una adoración pura.

La verdadera adoración ama a Dios con todo el corazón, mente, alma y fuerza. Por lo tanto, no se distrae ni disminuye por ningún indicio de idolatría.

2. Pureza de doctrina: La adoración sin mancha requiere una visión precisa de _____________quién es Dios_____________.

Rechazar o distorsionar la verdad sobre quién es Dios, tal como se ha revelado en su Palabra, es adorar al dios equivocado.

Varios grupos heréticos niegan la deidad de Cristo, rechazan la verdad de la Trinidad o enseñan que hay muchos dioses. La adoración ofrecida por estos grupos es una adoración falsa porque su comprensión de Dios es errónea.

Numerosos lugares de la Escritura hacen referencia a este punto. Nos centraremos en los escritos del apóstol Juan, con referencia específica al Señor Jesucristo.

- En su primera epístola, Juan afirma que los que niegan que Jesús es el Mesías son falsos maestros.

  1 Juan 2:22 *¿Quién es el mentiroso, sino el que niega que Jesús es el Cristo? Este es el anticristo, el que niega al Padre y al Hijo.*

- Más adelante, añade que los que niegan la humanidad de Cristo son también falsos maestros. Esto fue en respuesta a una antigua herejía llamada docetismo, que enseñaba que el cuerpo humano de Jesús era solo una ilusión. El docetismo negaba la realidad de la encarnación, muerte y resurrección de Jesús.

  Contra ese error, Juan escribe:

  1 Juan 4:2-3 *En esto conocéis el Espíritu de Dios: todo espíritu que confiesa que Jesucristo ha venido en carne es de Dios; y todo espíritu que no confiesa a Jesús no es de Dios; y este es el espíritu del anticristo, del cual habéis oído que viene, y ahora ya está en el mundo.*

- Juan añade que la verdadera Iglesia es la que abraza al Señor Jesús como Dios Hijo:

  1 Juan 5:20 *Y sabemos que el Hijo de Dios ha venido y nos ha dado entendimiento para que conozcamos al que es verdadero; y nosotros estamos en aquel que es verdadero, en su Hijo Jesucristo. Este es el verdadero Dios y la vida eterna.*

Estos mismos temas se repiten en otros lugares a lo largo de los escritos de Juan: la verdad de que Jesús es el Mesías, la verdad de que se hizo plenamente humano en su encarnación y la verdad de que es Dios Hijo.

De hecho, vemos estas tres verdades señaladas en el primer capítulo del Evangelio de Juan:

Juan 1:1 —Jesús es Dios— *En el principio existía el Verbo, y el Verbo estaba con Dios, y el Verbo era Dios.*

Juan 1:14 —Jesús es hombre— *Y el Verbo se hizo carne, y habitó entre nosotros, y vimos su gloria, gloria como del unigénito del Padre, lleno de gracia y de verdad.*

Juan 1:17 —Jesús es el Mesías— *Porque la ley fue dada por medio de Moisés; la gracia y la verdad fueron hechas realidad por medio de Jesucristo [el Mesías].*

Negar la deidad, la humanidad o el carácter mesiánico del Señor Jesús constituye un grave error, por lo que Juan condenó con tanta firmeza a los falsos maestros que distorsionaban la verdad sobre Cristo (2 Jn. 7–11).

El principio es claro: los que adoran a Dios Hijo deben adorarlo en verdad, y podemos extender este principio a las otras personas de la Trinidad. Aquellos que adoran al Dios trino deben adorarle como Él es en verdad.

III. APLICANDO ESTOS PRINCIPIOS A LA HISTORIA DE LA IGLESIA

Como hemos visto en esta lección, la verdadera Iglesia es como un edificio, establecido sobre el fundamento de Jesucristo, y definido por su compromiso con varios pilares doctrinales fundamentales:

1. **La supremacía de la Palabra de Dios.** Solo la Escritura es nuestra autoridad.

2. **La suficiencia de la obra de Dios.** Somos salvados solo por gracia mediante la fe aparte de las obras, basado únicamente en la obra terminada de Cristo.

3. **La santidad de la adoración a Dios.** Estamos llamados a adorar a Dios en pureza de devoción y pureza de doctrina.

Si extendemos la metáfora del edificio a toda la historia de la Iglesia, podríamos imaginar los siglos posteriores a la era apostólica como la superestructura de la Iglesia, que se apoya en los cimientos de Cristo y sigue siendo definida por los pilares de la ortodoxia bíblica.

Los pilares doctrinales discutidos en esta lección ofrecen una herramienta útil para evaluar la historia de la Iglesia a través de una perspectiva bíblica. Los volveremos a mencionar en futuras lecciones.

El gráfico de la página siguiente ilustra esta idea. Para algunas personas, aprender la historia de la Iglesia con un gráfico como este es más fácil que una línea de tiempo extensa.

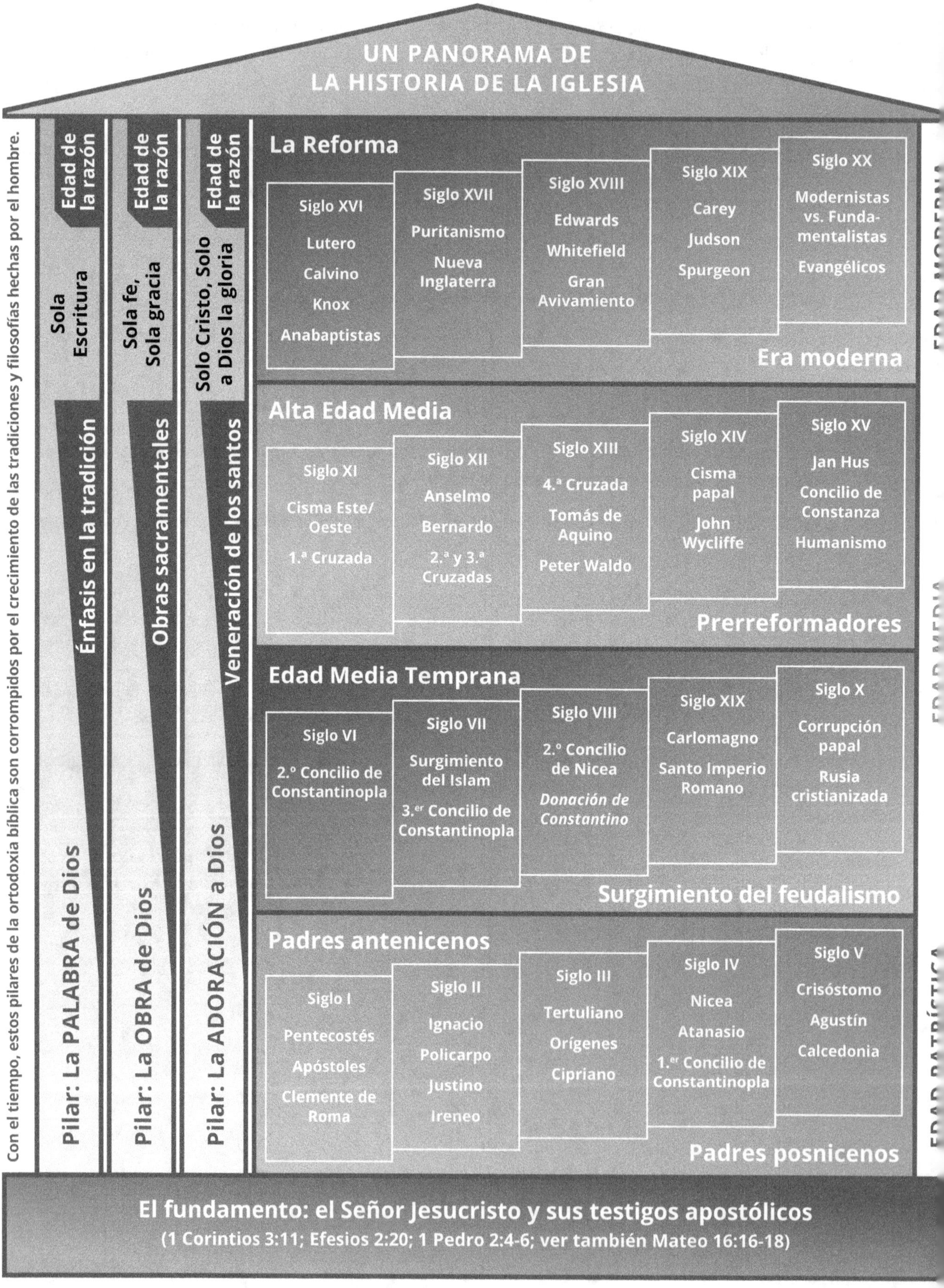

UN PANORAMA DE
LA HISTORIA DE LA IGLESIA
Con el tiempo, estos pilares de la ortodoxia bíblica son corrompidos por el crecimiento de las tradiciones y filosofías hechas por el hombre.
Pilar: La PALABRA de Dios
Énfasis en la tradición
Sola Escritura
Edad de la razón
Pilar: La OBRA de Dios
Obras sacramentales
Sola fe, Sola gracia
Edad de la razón
Pilar: La ADORACIÓN a Dios
Veneración de los santos
Solo Cristo, Solo a Dios la gloria
Edad de la razón
La Reforma
Siglo XVI
Lutero
Calvino
Knox
Anabaptistas
Siglo XVII
Puritanismo
Nueva Inglaterra
Siglo XVIII
Edwards
Whitefield
Gran Avivamiento
Siglo XIX
Carey
Judson
Spurgeon
Siglo XX
Modernistas vs. Fundamentalistas
Evangélicos
Era moderna
Alta Edad Media
Siglo XI
Cisma Este/Oeste
1.ª Cruzada
Siglo XII
Anselmo
Bernardo
2.ª y 3.ª Cruzadas
Siglo XIII
4.ª Cruzada
Tomás de Aquino
Peter Waldo
Siglo XIV
Cisma papal
John Wycliffe
Siglo XV
Jan Hus
Concilio de Constanza
Humanismo
Prerreformadores
Edad Media Temprana
Siglo VI
2.º Concilio de Constantinopla
Siglo VII
Surgimiento del Islam
3.er Concilio de Constantinopla
Siglo VIII
2.º Concilio de Nicea
Donación de Constantino
Siglo XIX
Carlomagno
Santo Imperio Romano
Siglo X
Corrupción papal
Rusia cristianizada
Surgimiento del feudalismo
Padres antenicenos
Siglo I
Pentecostés
Apóstoles
Clemente de Roma
Siglo II
Ignacio
Policarpo
Justino
Ireneo
Siglo III
Tertuliano
Orígenes
Cipriano
Siglo IV
Nicea
Atanasio
1.er Concilio de Constantinopla
Siglo V
Crisóstomo
Agustín
Calcedonia
Padres posnicenos
El fundamento: el Señor Jesucristo y sus testigos apostólicos
(1 Corintios 3:11; Efesios 2:20; 1 Pedro 2:4-6; ver también Mateo 16:16-18)

DE PENTECOSTÉS A PATMOS

Pedro, Pablo y la iglesia del primer siglo

PASAJE CLAVE: Hechos 1:8

Pero recibiréis poder cuando el Espíritu Santo venga sobre vosotros; y me seréis testigos en Jerusalén, en toda Judea y Samaria, y hasta los confines de la tierra.

30	49	64–68	Juan
Día de	Concilio de	Persecución	ministra
Pentecostés	Jerusalén	por Nerón	en Éfeso

ca. 32	viajes	Pablo en	70	ca. 95
Conversión	misioneros	Roma	Templo	Juan en
de Saulo	de Pablo		destruido	Patmos

I. LOS HECHOS Y LA ERA APOSTÓLICA

El libro de los Hechos fue escrito por _______Lucas_______. Es una secuela de su Evangelio, y comienza poco después de la resurrección del Señor Jesús. La palabra «Hechos» se refiere a los actos o hechos de los apóstoles. El libro de los Hechos se centra en la obra de Dios realizada a través de los apóstoles durante las primeras décadas de la iglesia primitiva.

Los Hechos cubren aproximadamente _______treinta_______ años de la historia de la iglesia primitiva, aproximadamente ______30–62 d. C.______. Es el primer libro de historia de la Iglesia que se escribió. Aunque a diferencia de cualquier otro libro de historia de la Iglesia, Hechos fue inspirado por el Espíritu Santo.

En Hechos 1:8, justo antes de ascender al cielo, Jesús ordenó a sus discípulos que fueran sus testigos desde Jerusalén y Judea hasta Samaria y los confines del mundo. Esas ubicaciones geográficas sirven como bosquejo del libro de los Hechos. En Hechos 1–7 el evangelio de Jesucristo se predica en Jerusalén y Judea. En Hechos 8, las buenas nuevas llegan a Samaria. Luego, a partir de las conversiones de Pablo en Hechos 9 y de Cornelio en Hechos 10, el evangelio es llevado a todo el mundo gentil.

Cuando leemos acerca de los discípulos de Jesús en los cuatro Evangelios, a menudo les falta fe y valor. En el libro de los Hechos han experimentado un cambio radical. Pedro y sus compañeros apóstoles proclaman con valentía las buenas nuevas de la salvación por medio de la fe en Jesucristo. Están dispuestos a hacerlo, incluso cuando esto les acarrea persecución y sufrimiento.

La transformación radical de los discípulos es el resultado de dos acontecimientos que definen la historia:

1. _____La resurrección de Jesucristo_____ y

2. _____La venida del Espíritu Santo_____. Como testigos oculares del Cristo resucitado, los apóstoles testificaron con valentía la verdad sobre Él, haciéndolo a través del poder del Espíritu.

Debido a que los discípulos habían sido enviados por Jesús como sus testigos, se les conoce como *apóstoles*, es decir _______«enviados»_______ o _______«embajadores»_______. Los «apóstoles de Jesucristo» eran un grupo selecto de discípulos de Jesús, limitado a aquellos que habían sido testigos presenciales del Cristo resucitado y que fueron designados directamente por Él. Pablo dice que fue la última persona en ver a Cristo resucitado (1 Corintios 15:8), lo que significa que nadie después de Pablo podía cumplir los criterios necesarios para ser apóstol.

Jesús dio a sus apóstoles una autoridad única en la Iglesia. Por medio del Espíritu Santo, les reveló la verdad divina para la Iglesia (Juan 14:26-27; 16:12-14). Esta revelación está registrada para nosotros en sus escritos, que conforman el Nuevo Testamento. Cada libro del Nuevo Testamento está escrito directamente por un apóstol (como Mateo, Juan o Pablo), o por alguien que escribe bajo la autoridad de un apóstol (como Marcos, Lucas o Judas).

Para autentificar su mensaje, Dios también dio a los apóstoles la capacidad de _______ realizar milagros (Hechos. 2:43; 5:12; 2 Corintios 12:12). Estas «señales» sobrenaturales demostraban que eran mensajeros de Dios y que su testimonio sobre Jesucristo era verdadero.

El período apostólico constituye la época del fundamento en la historia de la Iglesia (Efesios 2:20). Cuando Juan, el último apóstol sobreviviente, murió cerca del año _______ 100 _______, la era apostólica llegó a su fin.

La era apostólica fue un período único e irrepetible en la historia de la Iglesia. Los líderes de la Iglesia que vivieron en los siglos subsecuentes no se consideraron a sí mismos como apóstoles. En cambio, estimaban a los apóstoles y sus escritos como autoritativos y fundamentales, ocupando un lugar distinguido en el establecimiento de la Iglesia.

Lectura recomendada. Para apreciar plenamente el contenido de esta lección, lee el libro de los Hechos. Mientras lo haces, toma nota del poder del evangelio, el cual transforma los corazones y las vidas a través del poder del Espíritu.

II. NACE LA IGLESIA (HECHOS 2)

En Mateo 16:18 Jesús prometió que edificaría su Iglesia. Esa promesa comenzó a cumplirse en el día de _______ Pentecostés _______ en el año _______ 30 _______. Hechos 2 registra lo que sucedió en ese dramático día.

Cerca de _______ 120 _______ seguidores de Jesús, incluidos los apóstoles, estaban reunidos en un aposento alto en Jerusalén cuando el Espíritu Santo vino a morar en ellos y darles poder. La venida del Espíritu se caracterizó por la aparición de fuego y el fuerte sonido de un viento impetuoso (Hechos 2:1-4). Fenómenos similares marcan la presencia de Dios en el Antiguo Testamento (Éxodo 19:16-18; 1 Reyes 19:11-12).

Pentecostés era una de las principales fiestas que celebraba el pueblo judío (Deuteronomio 16:9-10). Por ese motivo, muchos peregrinos judíos habían viajado a Jerusalén a través de todo el Imperio romano. Estos peregrinos vivían en otras partes del Imperio y, por lo tanto, hablaban lenguas nativas distintas del _______ arameo _______ o _______ griego _______ (las principales lenguas habladas en Jerusalén).

En Hechos 2 el Espíritu Santo dio a los apóstoles (y posiblemente a otros con ellos) la capacidad milagrosa de hablar en lenguajes extranjeros que nunca habían aprendido. Saliendo del aposento alto, fueron por todo Jerusalén predicando el evangelio en estos dialectos extranjeros. Cuando los peregrinos de Jerusalén oyeron a los apóstoles hablar con fluidez en sus lenguas nativas, se quedaron asombrados.

Este don milagroso se conoce como el don de _______ lenguas _______. El Espíritu Santo lo utilizó en el día de Pentecostés no solo para atraer a una multitud, sino también para demostrar que el evangelio de Jesucristo se extiende a todas las naciones.

Dirigiéndose a la multitud que se había reunido para presenciar este milagro, el apóstol Pedro predicó un poderoso sermón evangelístico (Hechos 2:14-36). En respuesta, unas _______ 3000 _______ personas creyeron. Profesaron su fe en Cristo y fueron _______ bautizados _______ como una demostración simbólica de su arrepentimiento. En este increíble día, nació la Iglesia.

❖ **Para conversar.** Lee la lista de grupos lingüísticos que estuvieron representados en el día de Pentecostés en Hechos 2:5-12. ¿Qué ilustra el don de lenguas en el día de Pentecostés sobre la extensión del evangelio? ¿Cómo corresponde esto con la gran comisión de Mateo 28:18-20?

III. EL MARTIRIO DE ESTEBAN (HECHOS 7)

Los capítulos 2–7 del libro de los Hechos describen el crecimiento de la iglesia primitiva en Jerusalén y Judea. En Hechos 2:42-47 Lucas identifica las características principales de la primera comunidad de creyentes.

Los capítulos 3 y 4 ponen de relieve el audaz ministerio de predicación de Pedro, quien proclamó el evangelio con una valentía indomable. Como se ha señalado anteriormente, es notable considerar la transformación de Pedro después de solo unos meses. El discípulo que negó al Señor tres veces en la Pascua (Lucas 22:54-62) se enfrenta a los líderes judíos después de Pentecostés con una audacia inquebrantable (Hechos 4:8-12).

Hechos 5 comienza con el relato de Ananías y Safira, una ilustración impactante de cuán en serio se toma Dios la pureza en la adoración. El resto de ese capítulo destaca el valor continuo de Pedro y sus compañeros apóstoles. De manera significativa, en Hechos 5:29 Pedro les dice a los líderes religiosos: *Debemos obedecer a Dios antes que a los hombres.*

En Hechos 6, las necesidades de la creciente iglesia de Jerusalén llegan al punto de que los apóstoles seleccionan a siete ayudantes para asistir a la congregación. Estos siete hombres incluyen a Esteban y Felipe. Aunque su papel es ligeramente diferente, estos hombres funcionan en cierto modo como los primeros diáconos. Al ocuparse de importantes tareas logísticas, estos siete hombres liberaron a los apóstoles para que se centraran en el ministerio de la Palabra y la oración.

Además de servir a las necesidades de la iglesia, Esteban fue un audaz evangelista. Su predicación lo llevó a ser arrestado por los líderes religiosos. En Hechos 7 pronunció un poderoso sermón mientras era juzgado. Indignados por el mensaje de Esteban, los líderes respondieron arrastrándolo fuera de la ciudad y apedreándolo hasta la muerte. Los que mataron a Esteban pusieron su capa a los pies de un joven llamado Saulo (Hechos 7:58).

Esteban fue el primer mártir cristiano. La palabra *mártir* viene de una palabra griega que significa _______«testimonio»_______. Los mártires son testigos de Jesucristo hasta la muerte.

A raíz del martirio de Esteban, los cristianos comenzaron a dispersarse desde Jerusalén. Al hacerlo, llevaron el evangelio a lugares como Samaria (Hechos 8:1-5) y a otras regiones del Imperio romano (Hechos 11:19-20). De este modo, Dios utilizó la muerte de Esteban y la persecución resultante para dispersar a los creyentes por todo el mundo romano, comenzando así a cumplir la Gran Comisión (Mateo 28:18-20).

❖ **Para conversar.** En los cuatro Evangelios, los discípulos muestran a menudo una fe frágil y vacilante. Pero en el libro de los Hechos, demuestran una audacia y una determinación inquebrantables. ¿Cómo podemos explicar esta diferencia tan dramática? En la práctica, ¿cómo deberíamos emular su convicción y su valor en nuestras vidas?

IV. LAS CONVERSIONES DE SAULO Y CORNELIO (HECHOS 9–10)

Uno de los principales perseguidores de la Iglesia fue un hombre llamado _______Saulo_______. «Saulo» era su nombre _____en hebreo_____. Más tarde, se le conocería por su nombre _______griego_______, «Pablo».

Saulo fue agente instrumental en la dispersión de la Iglesia al perseguir a los cristianos. Sin embargo, el Señor usaría más tarde a Saulo para ministrar a la Iglesia dispersa. De hecho, algunos de los creyentes que huyeron de Jerusalén como resultado de la muerte de Esteban formarían parte de la iglesia de Antioquía de Siria, una iglesia que Saulo acabaría pastoreando junto con ________Bernabé________ (Hechos 11:19-26).

El relato de la conversión de Saulo es bien conocido (Hechos 9:1-19; 22:3-18; 26:9-18). Su encuentro con Cristo en el camino de Damasco cambió no solo su vida para siempre, sino también el curso de la historia de la Iglesia. El último de los apóstoles ayudaría a establecer numerosas iglesias y escribiría más de la mitad del Nuevo Testamento.

Durante 1500 años, desde el tiempo de Moisés, Dios trabajó principalmente a través de la nación de Israel para lograr sus propósitos de salvación. Pero en la era de la Iglesia, el evangelio se extendería a todos los pueblos de cada nación.

Para subrayar esto, Dios envió a Pedro a predicar a un gentil llamado Cornelio. El Señor preparó a Pedro al mostrarle una visión de ___animales inmundos___ (ver Levítico 11) y le dijo que no considerara inmundo lo que Dios había limpiado (Hechos 10:9-16).

Por lo regular, las personas judías no entraban en la casa de un gentil, ya que al hacerlo la persona quedaba impura desde una perspectiva ceremonial. Pero Pedro entendió el sentido de la visión que había recibido. Entró en la casa de Cornelio y le presentó el evangelio.

De forma increíble, Cornelio y los miembros de su casa respondieron al evangelio con fe salvífica. El Espíritu Santo verificó la autenticidad de su fe al habitar en ellos de la misma manera que habitó en los apóstoles el día de Pentecostés (Hechos 10:44-47).

Como habían creído en Cristo y recibido el Espíritu Santo, Pedro les ordenó que se bautizaran (Hechos 10:48).

Como resultado de esta dramática conversión, los líderes de la iglesia de Jerusalén reconocieron que el mensaje de salvación estaba igualmente disponible para judíos y gentiles (Hechos 11:15-18). El resto del libro de los Hechos pone de relieve que el evangelio fue llevado tanto a los judíos como a los gentiles por todo el Imperio romano.

❖ **Para conversar.** ¿Qué tenía de significativo que el evangelio se extendiera más allá de la nación de Israel para incluir a personas de otros orígenes étnicos? Lee Apocalipsis 5:9-10. ¿Cómo refleja la composición del cielo la inclusión de los gentiles en la Iglesia?

V. EL PRIMER CONCILIO DE LA IGLESIA (HECHOS 15)

La segunda mitad de Hechos 11 registra el inicio de una iglesia judeo-gentil en Antioquía de Siria. Debido a la conversión de Cornelio, los líderes de la iglesia de Jerusalén estaban ansiosos por enviar ayuda cuando se enteraron de los creyentes en Antioquía.

Para satisfacer la necesidad pastoral en Antioquía, la iglesia de Jerusalén envió a Bernabé (Hechos 11:22). El ministerio fue tan exitoso que Bernabé invitó a Saulo a venir a ayudarlo (v. 26).

Después de fortalecer esa iglesia, y tras un viaje a Jerusalén para ministrar a los creyentes de allí, Saulo y Bernabé fueron enviados por el Espíritu Santo (Hechos 13:1-3) para ir a otras ciudades del Imperio romano a predicar el evangelio y establecer iglesias.

Los capítulos 13 y 14 resumen el viaje de Saulo y Bernabé a las iglesias del sur de Galacia. Este viaje se conoce como el primer viaje misionero de Pablo. En Hechos 13:9 Lucas comienza a referirse a Saulo por su nombre griego, Pablo. Este cambio se debe probablemente al hecho de que la carrera misionera de Pablo, que comienza en Hechos 13, se centró primordialmente en los gentiles.

En **Hechos 13:38-39,** después de una larga presentación del evangelio, Pablo dijo a la audiencia en una sinagoga: *Por tanto, hermanos, sabed que por medio de Él os es anunciado el perdón de los pecados; y que de todas las cosas de que no pudisteis ser justificados por la ley de Moisés, por medio de Él, todo aquel que cree es justificado.*

Estos versículos resumen el corazón de la invitación evangelística de Pablo, es decir, que, a través de la fe en Cristo, los pecadores pueden ser _____________perdonados_____________ (de su deuda de pecado) y _____________justificados_____________ (declarados justos por Dios). La fe en Cristo logra lo que la adhesión a la ley de Moisés no puede proporcionar. La salvación es por _____________la fe únicamente_____________, aparte de la ley.

Cuando Pablo y Bernabé regresaron a Antioquía tras completar su viaje misionero, llegaron algunos falsos maestros que insistían en que los pecadores debían circuncidarse y obedecer la ley de Moisés para salvarse.

Esto dio lugar a un conflicto sobre la esencia del evangelio (Hechos 15:1-5; Gálatas 2:4-5). ¿Se salvan los pecadores solo por la fe en Cristo, como había estado predicando Pablo? ¿O también necesitan seguir la ley de Moisés?

Para resolver el conflicto, Pablo y Bernabé viajaron a Jerusalén para reunirse con los apóstoles y los ancianos de la iglesia. Pablo se reunió con algunos de los líderes en privado (según Gálatas 2:1-10), antes de que se celebrara un consejo público (Hechos 15:6).

En el Concilio, que tuvo lugar alrededor del año 49 o 50 d. C., Pedro defendió el verdadero evangelio con estas palabras:

> **Hechos 15:7-11** *Y después de mucho debate, Pedro se levantó y les dijo: Hermanos, vosotros sabéis que en los primeros días Dios escogió de entre vosotros que por mi boca los gentiles oyeran la palabra del evangelio y creyeran. Y Dios, que conoce el corazón, les dio testimonio dándoles el Espíritu Santo, así como también nos lo dio a nosotros; y ninguna distinción hizo entre nosotros y ellos, purificando por la fe sus corazones. Ahora pues, ¿por qué tentáis a Dios poniendo sobre el cuello de los discípulos un yugo que ni nuestros padres ni nosotros hemos podido llevar? Creemos más bien que somos salvos por la gracia del Señor Jesús, de la misma manera que ellos también lo son.*

Como explicó Pedro, los pecadores se salvan «por la gracia del Señor Jesús» porque sus corazones son limpiados «por la fe». De este modo, Pedro afirmó la verdad del evangelio que Pablo había proclamado en su viaje misionero (Hechos 13).

Bajo el liderazgo de _____________Santiago_____________, el hermano de Jesús, el consejo afirmó el ministerio de Pablo y Bernabé. A los creyentes gentiles no se les exigía que siguieran la ley de Moisés, aunque se les instruía para que evitaran la inmoralidad y fueran sensibles a las conciencias de los otros creyentes de origen judío.

Más tarde, Pablo se enteró de que las iglesias que él y Bernabé habían plantado en su primer viaje misionero (en el sur de Galacia) estaban siendo amenazadas por estos mismos falsos maestros. Él respondió escribiendo una carta para expresar su preocupación. Esa carta es la «Epístola a los Gálatas».

❖ **Para conversar.** ¿Cuáles eran las diferencias clave entre el evangelio que predicaba Pablo y el evangelio erróneo de los falsos maestros? Lee Gálatas 1:6-9. ¿Por qué es tan importante entender el evangelio correctamente?

VI. OTROS VIAJES MISIONEROS (HECHOS 16–28)

La mayoría de las Biblias en español tienen mapas situados al final. Si alguna vez los has observado, es probable que hayas visto un mapa de los viajes misioneros de Pablo.

El segundo viaje misionero de Pablo comenzó como un viaje de regreso a las iglesias que él y Bernabé habían plantado en su viaje anterior. Esta vez Pablo viajó con ______________Silas______________ (Hechos 15:40) y ____________Timoteo____________ (Hechos 16:1-3).

El alcance de su viaje fue ampliado por el Espíritu Santo que, en Hechos 16:9-10, dio a Pablo una visión de un hombre de Macedonia pidiendo ayuda. Pablo y sus compañeros respondieron viajando a ciudades de Macedonia y Grecia, como Filipos, Tesalónica, Berea, Atenas, Corinto y Éfeso.

En cada ciudad, Pablo predicó fielmente el evangelio. Comenzó en la ____________sinagoga____________, razonando con sus oyentes judíos desde el ____Antiguo Testamento____. Cuando ya no era bienvenido allí, predicaba a los ____________gentiles____________ de esa ciudad.

Durante su segundo viaje misionero, Pablo escribió 1 y 2 Tesalonicenses.

El tercer viaje misionero de Pablo comienza en Hechos 18:23. Una vez más, viajó a ciudades en las que ya había estado, como Éfeso y Corinto, para fortalecer las iglesias de allí. Durante su estancia en Éfeso, Pablo instruyó a los discípulos por más de dos años (Hechos 19:8-10). Como resultado, se establecieron iglesias en toda ____________Asia Menor____________, en lugares como Colosas.

A pesar de los peligros a los que se enfrentó Pablo (2 Corintios 11:23-29), su compromiso con el Señor nunca flaqueó. Proclamó con valentía las buenas nuevas de la salvación por medio de Cristo.

El tercer viaje misionero de Pablo terminó en Jerusalén (Hechos 21:17). Durante este viaje, Pablo escribió 1 y 2 Corintios y Romanos.

En Jerusalén, Pablo fue apresado por una turba enfurecida en el templo, que incorrectamente pensó que había invitado a los gentiles al recinto del templo (Hechos 21:28). Pablo fue rescatado por soldados romanos que lo pusieron bajo custodia.

Pablo pasó los dos años siguientes encarcelado en Cesarea, en la costa mediterránea. Lucas, que fue uno de los compañeros de viaje de Pablo, probablemente escribió su Evangelio durante este tiempo.

Tras comparecer ante el rey Herodes Agripa II, Pablo fue considerado inocente. Sin embargo, como había apelado al César (Hechos 26:32), fue enviado a Roma para ser juzgado.

En Hechos 27 Pablo se encuentra en un barco de transporte con destino a Roma. Durante el viaje, Pablo y sus compañeros sobrevivieron a un dramático naufragio.

Cuando llegó a Roma, Pablo fue puesto bajo arresto domiciliario durante aproximadamente ____________dos años____________ (Hechos 28:30-31). Este «primer encarcelamiento romano» tuvo lugar entre el 60 y el 62 d. C. aproximadamente. Es probable que Lucas escribiera el libro de los Hechos durante esta época, ya que la narración de los Hechos termina en este punto.

Durante su arresto domiciliario, Pablo escribió las llamadas «epístolas de la prisión»: Efesios, Colosenses, Filemón y Filipenses.

❖ **Para conversar.** Lee 2 Corintios 11:23-29. Pablo escribió esto durante su segundo viaje misionero. ¿Qué te llama la atención de los sacrificios que estaba dispuesto a hacer por la causa de Cristo?

En el último capítulo de Hechos termina el registro inspirado por el Espíritu de la historia de la Iglesia.

No obstante, con evidencia indirecta de ciertos pasajes bíblicos e información histórica de otras fuentes, podemos reconstruir una idea general de lo que sucedió en las últimas décadas de la historia de la iglesia del primer siglo.

Las pruebas sugieren que Pablo fue liberado del arresto domiciliario. Al parecer, viajó a ______Troas y Mileto______ (2 Timoteo 4:13, 20), ______Creta______, e incluso ______España______ (Romanos 15:23-24). Algunos de los primeros padres de la Iglesia confirman que Pablo llegó a España.

Durante este tiempo, Pablo escribió las «epístolas pastorales» de 1 Timoteo y Tito.

En el verano del año 64, la ciudad de Roma sufrió un gran incendio. Gran parte de la ciudad quedó destruida o gravemente dañada.

Cuando la opinión pública empezó a sospechar que el emperador Nerón estaba detrás del incendio, él trasladó la culpa a los cristianos y comenzó a perseguirlos de manera terrible. El antiguo historiador romano Tácito deja constancia de estos hechos al señalar que a veces se prendía fuego a los creyentes como si fueran antorchas humanas, o se les cosía en pieles de animales y se les daba de comer a las fieras.

Durante esta persecución, el apóstol Pedro (que había llegado antes a Roma para ejercer su ministerio allí) fue arrestado y crucificado cabeza abajo. Antes de su muerte, Pedro escribió dos epístolas desde Roma a las iglesias de Asia Menor, advirtiéndoles de la persecución que se avecinaba y de la amenaza de los falsos maestros.

Pablo también fue arrestado y encarcelado en un calabozo romano. Este segundo encarcelamiento proporciona el contexto de su segunda carta a Timoteo. Poco después de escribir esa epístola, Pablo fue decapitado como mártir de Cristo.

La persecución de Nerón también proporciona el telón de fondo histórico del libro de Hebreos, en el que el autor advierte a sus lectores que no vuelvan al judaísmo, desertando así de Cristo, simplemente para evitar la persecución. A lo largo de la historia de la Iglesia, la mayoría de los comentaristas creyeron que Pablo era el autor de Hebreos. Si no fue Pablo, fue sin duda uno de sus colaboradores cercanos (como Lucas o Apolos).

Esta persecución terminó cuando Nerón murió en el año 68.

Por aquel entonces se inició una revuelta en Judea que tuvo como resultado el ataque a Jerusalén y la destrucción del templo (en el año 70) por el ejército del emperador Vespasiano.

Según la tradición, los cristianos de Jerusalén huyeron de la ciudad antes de la llegada del ejército romano. Se refugiaron en Pella, una ciudad bajo la jurisdicción del rey Herodes Agripa II. Curiosamente, este era el mismo rey ante el que Pablo hizo una defensa en Hechos 26. Es posible que Herodes se acordara de Pablo (véase Hechos 26:27) y, por tanto, se sintiera inclinado a conceder asilo a estos creyentes.

Los años 80 y 90 presentan el ministerio del apóstol ______Juan______. En algún momento se trasladó de Jerusalén a Éfeso y ministró en la región de Asia Menor.

Es probable que Juan escribiera su Evangelio y sus tres epístolas en los años 80.

Su exilio a Patmos ocurrió probablemente a mediados de los años 90, durante el reinado del emperador Domiciano. Fue durante su exilio cuando recibió una última revelación del Señor Jesús. Como Juan fue el último apóstol con vida, el libro del Apocalipsis es también el último libro del canon del Nuevo Testamento.

VIII. CERRANDO EL CÍRCULO

Un estudio de la época apostólica de la historia de la Iglesia enseña varias lecciones importantes. Aquí hay tres para considerar:

1. Las buenas nuevas de la salvación están dirigidas a todas las personas de cualquier origen étnico y grupo lingüístico. Los pecadores pueden ser perdonados y justificados mediante la fe en Cristo, sin las obras de la ley. El ofrecimiento del evangelio es posible gracias a la vida, muerte y resurrección de Jesucristo.

2. Los seguidores del Señor Jesús están llamados a ser sus testigos, a hablar con convicción y a permanecer con valor. Los apóstoles fueron un modelo de esa clase de audacia. Ante la creciente hostilidad e incluso la persecución violenta, se mantuvieron firmes por Cristo sin importar el costo. Como dijo Pedro a los líderes religiosos en Hechos 5: *Debemos obedecer a Dios antes que a los hombres.* Esa debería ser también nuestra mentalidad.

3. El Señor ha sido fiel al cumplir su promesa de edificar la Iglesia. Cuando observamos cómo el evangelio prevalece contra todo pronóstico, desde el libro de los Hechos hasta el presente, vemos cómo se desarrolla esa promesa. La Iglesia sigue creciendo, incluso frente a una severa oposición. Para los que forman parte de la Iglesia de Cristo, qué alentador es saber que formamos parte de un movimiento que no puede fallar porque está garantizado por Dios mismo.

❖ **Para conversar.** ¿Qué otras lecciones te parecen destacables del estudio de la historia de la Iglesia del primer siglo?

PARTE II

EL PERÍODO PATRÍSTICO*

(SIGLOS II–V)

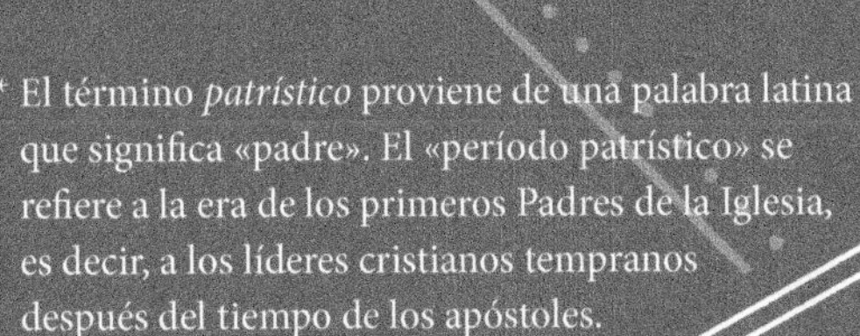

* El término *patrístico* proviene de una palabra latina que significa «padre». El «período patrístico» se refiere a la era de los primeros Padres de la Iglesia, es decir, a los líderes cristianos tempranos después del tiempo de los apóstoles.

LOS DISCÍPULOS DE LOS APÓSTOLES

Clemente, Policarpo y los primeros Padres de la Iglesia

PASAJE CLAVE: 2 Timoteo 2:2

Y lo que has oído de mí en la presencia de muchos testigos, eso encarga a hombres fieles que sean idóneos para enseñar también a otros.

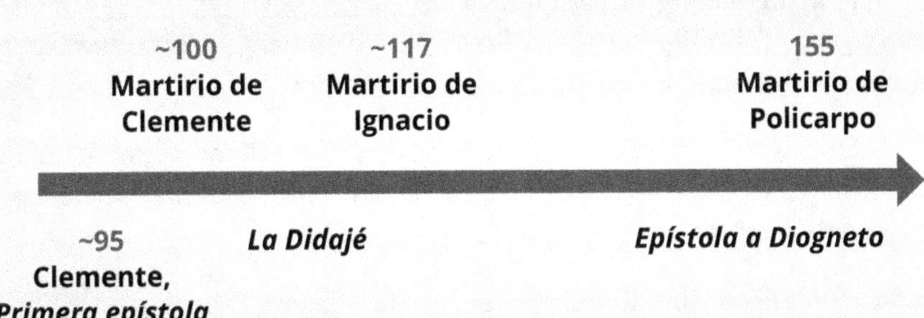

I. TRAS LAS HUELLAS DE LOS APÓSTOLES

En las iglesias contemporáneas, 2 Timoteo 2:2 es considerado, a menudo, como un modelo de ministerio multigeneracional. Es, ciertamente, una manera válida de pensar en ese versículo. Pero cuando Pablo escribió por primera vez sobre «hombres fieles» y «también a otros», sin duda tenía en mente a personas específicas.

Cuando miramos hacia atrás en la historia de la iglesia primitiva, descubrimos los nombres de algunos de esos hombres fieles. Ellos formaban parte de la generación de creyentes que vino inmediatamente después de los apóstoles.

Como se señaló en la lección 2, no se consideraban a sí mismos como apóstoles, sino como pastores y ancianos a los que se les había confiado la verdad. Su cargo era guardar el tesoro que habían recibido y preservarlo fielmente para las generaciones futuras.

Nos referimos a estos primeros líderes cristianos como los «Padres Apostólicos». El término «Padres de la Iglesia» debe pensarse en el sentido de «padres fundadores». Fueron los primeros líderes de la Iglesia. En este caso, su estrecha relación con los apóstoles los convierte en «Padres Apostólicos».

Los «Padres Apostólicos» incluyen a los autores de una serie de obras que han llegado hasta nuestros días. En esta lección consideraremos cinco de estos primeros autores:

1. Clemente de Roma

2. Ignacio de Antioquía

3. Policarpo de Esmirna

4. El autor de *La Didajé*

5. El autor de la *Carta a Diogneto*

Las traducciones al español e inglés de los escritos de estos primeros líderes cristianos están disponibles gratuitamente en internet. Se puede acceder a ellos con una rápida búsqueda en la red.

II. CLEMENTE DE ROMA (FALLECIDO CA. 100)

Clemente fue pastor de la iglesia en _______________Roma_______________, alrededor de los años _______________90–100_______________. Para ponerlo en perspectiva, estaba pastoreando la congregación romana cuando el apóstol Juan fue exiliado a la isla de Patmos.

Algunos han señalado la posibilidad de que el Clemente mencionado en Filipenses 4:3 sea esta misma persona. Aunque es posible (ya que la epístola a los Filipenses fue escrita a principios de los años 60), esa conexión no puede confirmarse con certeza.

Clemente escribió una carta que ha sobrevivido. Probablemente fue escrita a mediados de los años 90, dirigida a la iglesia de Corinto desde la iglesia de Roma. Por ello, se conoce como la Epístola de Clemente a los Corintios.

A veces se le llama «1 Clemente». Esto se debe al hecho de que otra obra de los primeros cristianos, llamada «2 Clemente», se asoció históricamente con Clemente de Roma. Sin embargo, los estudiosos modernos han demostrado que Clemente probablemente no fue el autor de 2 Clemente.

El tema principal que aborda la carta de Clemente es la división dentro de la congregación de Corinto. Cuarenta años después de que el apóstol Pablo abordara la misma cuestión (en 1 Corintios 1), Clemente expresa su preocupación por las luchas internas y la desunión que se habían vuelto a producir en la congregación de Corinto.

La carta de Clemente demuestra que estaba familiarizado con los escritos de Pablo, incluida la epístola de Pablo a los Romanos.

En un pasaje importante, Clemente explica que, al igual que Abraham, los creyentes son justificados por la fe, aparte de las obras. Él escribe lo siguiente:

> **Clemente de Roma:** «Y así nosotros, habiendo sido llamados por su voluntad en Cristo Jesús, no nos justificamos a nosotros mismos, o por medio de nuestra propia sabiduría o entendimiento o piedad u obras que hayamos hecho en santidad de corazón, sino por medio de la fe, por la cual el Dios todopoderoso justifica a todos los hombres que han sido desde el principio; al cual sea la gloria para siempre jamás. Amén».[1]

Clemente entendió correctamente que la justificación es un don de la gracia de Dios, recibido por la fe sin obras. No se obtiene mediante el esfuerzo propio («nosotros mismos»), el ingenio humano o la astucia («nuestra propia sabiduría o entendimiento»), la justicia de las obras («obras que hayamos hecho») o la piedad personal («en santidad del corazón»). De este modo, Clemente afirma el evangelio de la gracia desde el primer período de la historia de la iglesia posapostólica.

III. IGNACIO DE ANTIOQUÍA (FALLECIDO CA. 117)

La iglesia de Antioquía se estableció en los años 40, bajo el liderazgo pastoral de Bernabé y Pablo (Hechos 11).

Aunque no se menciona en el libro de los Hechos, Ignacio se convirtió en el pastor de esa iglesia en algún punto de finales del siglo I. Una tradición del siglo V sugiere que _____________Pedro____________ dio instrucciones para que Ignacio fuera nombrado pastor de la iglesia en Antioquía.

La tradición también indica que Ignacio, junto con Policarpo (más adelante, en esta lección), fue discípulo del apóstol Juan.

Se han conservado siete cartas de Ignacio. Existe una versión más corta y otra más larga de estas cartas, siendo probablemente la versión más corta la original. Al igual que Clemente, Ignacio escribió estas cartas a las iglesias.

Un tema que Ignacio destaca es que los cristianos se reúnen para el culto el domingo, que es el día del Señor. Por ejemplo, en su *Epístola a los Magnesios,* escribe:

> **Ignacio:** «Así pues, si los que habían andado en prácticas antiguas alcanzaron una nueva esperanza, sin observar ya los sábados, sino moldeando sus vidas según el día del Señor, en el cual nuestra vida ha brotado por medio de Él y por medio de su muerte…».[2]

La práctica de la Iglesia de reunirse en domingo, y no en sábado, ya estaba establecida en el Nuevo Testamento (Hechos 20:7; 1 Corintios 16:2). Pero es interesante verlo reiterado por un líder cristiano temprano como Ignacio.

En sus escritos, Ignacio indica su creencia de que cada congregación local debe tener un solo «obispo» o pastor principal (de mayor rango); aunque una iglesia pueda tener también varios «ancianos» y «diáconos». Ignacio parece insistir en este punto por la preocupación de que la multiplicidad de obispos pueda llevar a una potencial división y desunión dentro de las iglesias.[3]

En el Nuevo Testamento, las funciones de «obispo» y «anciano» son sinónimos (Hechos 20:17, 28; Tito 1:5-7; 1 Pedro 5:1-5). A partir de Ignacio, estas funciones se diferenciaron en la historia de la Iglesia, al elevar la función de obispo por encima de la de anciano en términos de autoridad en la Iglesia.

Ignacio fue martirizado en _______________Roma_____________ hacia el año 117. Según la tradición, sirvió de alimento a las fieras, posiblemente en el Circo Máximo, una arena similar al Coliseo.

❖ **Para conversar.** Al enseñar que los cristianos se reúnen en el día del Señor (domingo) en lugar del *sabbat* (sábado o día de descanso judío), Ignacio seguía la pauta del Nuevo Testamento. Lee Hechos 20:7; 1 Corintios 16:2; Colosenses 2:16-17; Apocalipsis 1:10. ¿Qué enseñan estos pasajes sobre el día del Señor? ¿Por qué se reúnen los cristianos en el día del Señor (véase Juan 20:1, 19)?

IV. POLICARPO DE ESMIRNA (FALLECIDO CA. 155)

Policarpo, cuyo nombre significa «fructífero», fue discípulo del apóstol _______________Juan_____________.

Fue pastor de la iglesia de Esmirna, cerca de Éfeso, durante gran parte de la primera mitad del siglo II. Esmirna es una de las siete iglesias enumeradas en el libro del Apocalipsis (2:8-10).

Su *Epístola a los Filipenses* es la única carta que se conserva. Probablemente fue escrita en la época del martirio de Ignacio. Es evidente que estos dos pastores se conocían por las referencias que aparecen en sus cartas.

La carta de Policarpo comienza con estas palabras:

> **Policarpo:** «Me gocé… que la firme raíz de vuestra fe, cuya fama llega a los tiempos primitivos, permanece aún ahora y lleva fruto para nuestro Señor Jesucristo, que sufrió para hacer frente incluso a la muerte por nuestros pecados, a quien Dios levantó, habiendo soltado los dolores de parto del Hades [Hechos 2:24]. A quien sin haber visto, han creído en Él con un gozo glorioso e inexpresable [1 Pedro 1:8] (algo que muchos desean experimentar), sabiendo que por gracia han sido salvos, no por obras, sino por la voluntad de Dios por medio de Jesucristo [Efesios 2:5, 8, 9]».[4]

Es significativo que la carta contenga más de cien citas o alusiones al Nuevo Testamento (de 17 libros diferentes del Nuevo Testamento). Esto demuestra que Policarpo estaba familiarizado con los escritos apostólicos y consideraba que esos escritos tenían autoridad. En este sentido, Policarpo era representativo de la iglesia primitiva.

Considera algunas de las convicciones que Policarpo expresa en su carta:

► Jesús es a la vez Rey y Juez.

> **Policarpo:** «Por tanto, prepárate para ponerte en acción [Isaías 32:11] y servid a Dios con temor y verdad, abandonando la vana palabrería y sin sentido y el error de muchos, y cree en Aquel que levantó de los muertos a nuestro Señor Jesucristo [1 Pedro 1:3] y le dio gloria y un trono a su diestra. A Él, todas las cosas en el cielo y en la tierra fueron fueron sujetas [Mateo 28:18]; al cual toda criatura que tiene aliento sirve; y que viene como juez de los vivos y los muertos; cuya sangre Dios requerirá de todos los que le son desobedientes».[5]

► Debemos someternos a Dios y a su Palabra.

> **Policarpo:** «Por tanto, sirvámosle de tal modo con temor y toda reverencia, como Él mismo dio mandamiento y los apóstoles, quienes les predicaron el evangelio y los profetas que proclamaron con antelación la venida de nuestro Señor».[6]

► La esperanza del creyente en Jesucristo es mayor que la persecución.

> **Policarpo:** «Por tanto, mantengámonos sin cesar firmes en nuestra esperanza y en las arras de nuestra justicia, que es Jesucristo, quien soportó nuestros pecados sobre su propio cuerpo sobre el madero, sin haber cometido pecado, ni fue hallado engaño en su boca [1 Pedro 2:24], sino que por nosotros soportó todas las cosas, para que pudiéramos vivir en Él. Por tanto seamos imitadores de su paciencia en el sufrimiento; y si debiésemos sufrir por causa de su nombre, glorifiquémosle».[7]

► Porque nuestra esperanza es segura, somos capaces de mantenernos firmes en la fe y centrarnos en amar a los demás.

> **Policarpo:** «Estad firmes, pues, en estas cosas y seguid el ejemplo del Señor, firmes e inamovibles en la fe [1 Corintios 15:58; Colosenses 1:23], amando a la familia de la fe, teniendo afecto unos por otros [1 Pedro 3:8], unidos en la verdad, dándose unos a otros en la mansedumbre del Señor, sin despreciar a nadie».[8]

La claridad de estas convicciones en la carta de Policarpo debería animar nuestros corazones. La perspectiva de Policarpo se basaba en la enseñanza de la Palabra de Dios. Eso explica por qué estas verdades resuenan en nuestros corazones hoy en día.

Las convicciones valientes que caracterizaban a Policarpo quizá se vean más claramente en su martirio.

El relato de su muerte se recoge en *El martirio de Policarpo,* que es uno de los primeros relatos de martirio cristiano que se han escrito.

Cuando Policarpo fue arrestado por ser cristiano, llevaba mucho tiempo como pastor en Esmirna. Cuando los soldados vinieron a arrestarlo, se ofreció a servirles la cena. Ellos aceptaron. Mientras comían, Policarpo se dedicó a la oración.

Cuando fue llevado ante el gobernador romano para su juicio, el gobernador le instó a negar a Cristo y así preservar su vida. Policarpo contestó: «Durante ochenta y seis años he sido su siervo, y no me ha hecho mal alguno. ¿Cómo puedo ahora blasfemar de mi Rey que me ha salvado?».[9]

Cuando quedó claro que Policarpo no se retractaría, fue condenado a la hoguera. Incluso ante el sufrimiento y la muerte, la fe de Policarpo nunca flaqueó.

Al relatar la fidelidad de este pastor del siglo II, *El martirio de Policarpo* concluye con estas palabras:

> «Así ha sucedido que el bienaventurado Policarpo, habiendo recibido el martirio en Esmirna con los de Filadelfia (doce en conjunto), es recordado de modo especial más que los otros por todos, de manera que se habla de él incluso entre los paganos en todas partes; porque mostró no solo que era un maestro notable, sino también un mártir distinguido, cuyo martirio todos desean imitar, viendo que fue según el modelo del evangelio de Cristo. Habiendo vencido con su sufrimiento al gobernante injusto en el conflicto y recibido la corona de la inmortalidad, se regocija en la compañía de los apóstoles y de los justos, y glorifica al Dios y Padre todopoderoso, y bendice a nuestro Señor Jesucristo, el salvador de nuestras almas y piloto de nuestros cuerpos y pastor de la Iglesia universal que se halla por todo el mundo».[10]

Al igual que Clemente, Ignacio y los demás mártires primitivos, Policarpo murió como testigo de la verdad del evangelio de Jesucristo.

Armado con convicciones bíblicas, Policarpo vivió las implicaciones de su fe hasta el final.

❖ **Para conversar.** ¿Qué convicciones impulsaron a Policarpo a ser fiel a Cristo incluso hasta la muerte? ¿Qué pasos prácticos pueden dar los cristianos para desarrollar esas mismas convicciones en sus corazones y vidas?

V. *LA DIDAJÉ* (FINALES DEL SIGLO I O PRINCIPIOS DEL II)

La Didajé (que significa *La Enseñanza*) fue un manual primitivo de ___________ética cristiana___________. También se conoce por un título más completo, «Doctrina del Señor a las naciones por medio de los doce apóstoles». Su propósito era explicar la forma en que los creyentes deben vivir como seguidores de Jesús.

No fue escrito por un apóstol ni con autorización apostólica, por lo que no forma parte del canon del Nuevo Testamento. Sin embargo, en la historia de la Iglesia se consideró un resumen de la enseñanza apostólica.

La Didajé comienza con una sección sobre los dos caminos: el camino de la vida (la vida cristiana) y el camino de la muerte. Gran parte de esta sección está extraída de las enseñanzas de Jesús. Por ejemplo:

> «Hay dos caminos, uno de vida y uno de muerte, y hay una gran diferencia entre ambos [Jeremías 21:8; Mateo 7:13-14]. Ahora este es el camino de la vida. Primero, amarás a Dios que te hizo; segundo, a tu prójimo como a ti mismo; y todas las cosas que no quieras que te hagan a ti, no las hagas a otro».[11]

Como nota interesante, desde una perspectiva evangélica moderna, La Didajé incluye el aborto bajo la misma etiqueta del asesinato.

> «Y el segundo mandamiento de la enseñanza es: No matarás; no cometerás adulterio, no serás corruptor de niños; no serás inmoral sexualmente; no robarás, no practicarás la magia, no te involucrarás en la hechicería, no abortarás a un niño, ni cometerás infanticidio».[12]

Además de las cuestiones éticas, *La Didajé* también da instrucciones para la práctica eclesiástica, y aborda temas como el bautismo, la celebración de la Cena del Señor, el ayuno y cómo tratar a los maestros itinerantes.

❖ **Para conversar.** Lee Mateo 7:13-14. *La Didajé* subraya la diferencia entre los que están en el camino estrecho y los que están en el camino ancho. Si tuvieras que describir las actitudes y acciones que deben caracterizar a los que están en «el camino que lleva a la vida», ¿qué cosas destacarías?

VI. *EPÍSTOLA A DIOGNETO* (MEDIADOS Y FINALES DEL SIGLO II)

Esta carta fue escrita por un autor anónimo, que se identifica simplemente como un «mathetes», la palabra griega para «discípulo».

La carta está dirigida a alguien llamado Diogneto. Algunos han sugerido que la carta fue escrita a un tutor del emperador Marco Aurelio con el mismo nombre. (Marco Aurelio reinó como emperador romano de 161 a 180). Sin embargo, esa conexión es incierta.

La carta ofrece una hermosa presentación de la buena noticia de la salvación por medio de Jesucristo. Escribiendo a un no creyente, el autor explica que, en Cristo, los pecadores pueden encontrar tanto <u>el perdón de los pecados</u> como <u>la vida eterna</u>.

Esta extensa sección de la *Epístola a Diogneto* considera las glorias del evangelio:

> «Pero cuando nuestra maldad llegó a su colmo, y se demostró claramente que su recompensa, el castigo y la muerte se cernían sobre nosotros; y cuando llegó el tiempo que Dios había fijado antes para manifestar su propia bondad y poder, cómo el único amor de Dios, por su gran consideración hacia los hombres, no nos miró con odio, ni nos rechazó, ni se acordó de nuestra iniquidad contra nosotros, sino que mostró gran longanimidad y nos soportó, Él mismo tomó sobre sí la carga de nuestras iniquidades, dio a su propio Hijo en rescate por nosotros [Romanos 8:32], el santo por los transgresores, el irreprochable por los malvados, el justo por los injustos [1 Pedro 3:18], el incorruptible por los corruptibles, el inmortal por los mortales. Porque ¿qué otra cosa podía cubrir nuestros pecados sino Su justicia? ¿Por qué otro podíamos ser justificados

nosotros, impíos e inicuos, sino por el Hijo único de Dios? ¡Oh, dulce intercambio! ¡Oh, operación inescrutable! ¡Oh, beneficios que sobrepasan todas las expectativas! Que la maldad de muchos se oculte en un solo justo, y que la justicia de uno justifique a muchos transgresores».[13]

De esta manera, el autor contrasta la total incapacidad del pecador con el sacrificio completamente suficiente y la perfecta justicia de Cristo. Por la fe en Él, los creyentes son perdonados y justificados. Son perdonados del pecado, porque Jesús pagó su pena en la cruz. Y son declarados justos por Dios, porque han sido revestidos de la perfecta justicia de su Salvador.

Los cristianos de hoy deberían sentirse alentados al ver una articulación tan clara del mensaje evangélico proveniente de los primeros siglos de la historia de la Iglesia.

❖ **Para conversar.** Si escribieras una carta a un amigo o familiar incrédulo sobre el evangelio, ¿cómo describirías las buenas nuevas de salvación en Jesucristo? ¿Hay alguien a quien considerarías enviar una carta así?

VII. PENSAMIENTOS FINALES

Después de examinar a algunos de los Padres Apostólicos, nos anima ver que hubo «hombres fieles» que vivieron después de los apóstoles (2 Timoteo 2:2). Aunque no son inerrantes ni tienen autoridad, sus escritos demuestran un serio compromiso con la preservación y la práctica de las enseñanzas de los apóstoles. Trataron de vivir de acuerdo con la Palabra de Dios.

También trataron de preservar la verdad del evangelio. En los escritos de Clemente y Policarpo, y también en la *Epístola a Diogneto*, encontramos claras articulaciones de la verdad de que la salvación es por gracia a través de la fe en Cristo; no se recibe sobre la base de las obras.

Por último, su fidelidad se demostró incluso hasta la muerte. Clemente, Ignacio y Policarpo murieron como mártires (o «testigos») de Jesucristo. Su valentía, y la convicción que la impulsó, son un recordatorio convincente para que los creyentes de hoy emulen su ejemplo de fortaleza fiel.

❖ **Para conversar.** ¿Qué te ha llamado la atención de los Padres Apostólicos? Al considerar su ejemplo, ¿qué lecciones aprendiste que puedes empezar a poner en práctica?

CONTENDIENDO POR LA FE

Justino, Ireneo y la iglesia prenicena

PASAJE CLAVE: Judas 3–4

Amados, por el gran empeño que tenía en escribiros acerca de nuestra común salvación, he sentido la necesidad de escribiros exhortándoos a contender ardientemente por la fe que de una vez para siempre fue entregada a los santos. Pues algunos hombres se han infiltrado encubiertamente, los cuales desde mucho antes estaban marcados para esta condenación, impíos que convierten la gracia de nuestro Dios en libertinaje, y niegan a nuestro único Soberano y Señor, Jesucristo.

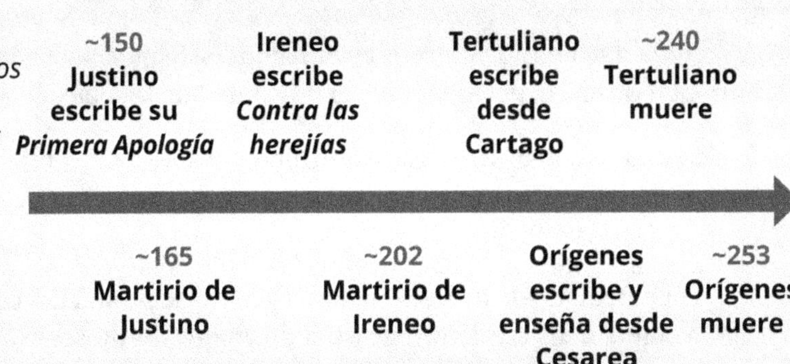

I. INTRODUCCIÓN

Desde el principio, la Iglesia se ha enfrentado a amenazas tanto externas como internas.

De forma externa, la Iglesia ha soportado la oposición y la persecución, tanto de los defensores de la falsa religión como de los gobiernos hostiles.

De manera interna, la Iglesia ha sido amenazada por falsos maestros. Afirman ser parte de la Iglesia; pero promueven doctrinas o prácticas que son antitéticas al cristianismo genuino.

Dios siempre ha levantado líderes en la Iglesia para responder en ambos frentes.

La «apologética» (de una palabra griega que significa «defensa legal») se refiere a la defensa de la fe frente a los ataques externos. 1 Pedro 3:14-15 es un pasaje clave en este sentido. Aquí Pedro escribe:

> **1 Pedro 3:14-15** *Y no os amedrentéis por temor a ellos ni os turbéis, sino santificad a Cristo como Señor en vuestros corazones, estando siempre preparados para presentar defensa ante todo el que os demande razón de la esperanza que hay en vosotros, pero hacedlo con mansedumbre y reverencia».*

La «polémica» (de una palabra griega que significa «guerra») se refiere a la disputa o debate teológico. Habla de contender por la verdad frente al ataque interno de la falsa enseñanza. Un versículo clave en este sentido es 2 Corintios 10:5, donde el apóstol Pablo habla de derribar los falsos argumentos de sus oponentes.

> **2 Corintios 10:5** *Destruyendo especulaciones y todo razonamiento altivo que se levanta contra el conocimiento de Dios, y poniendo todo pensamiento en cautiverio a la obediencia de Cristo.*

En esta lección consideraremos una serie de líderes cristianos importantes de los siglos II y III. Al enfrentarse a las amenazas, tanto dentro como fuera de la Iglesia, estos líderes se apresuraron a defender la verdad y refutar el error (Tito 1:9).

El término «preniceno» o «anteniceno» se refiere al período de tiempo previo al Concilio de Nicea del año 325.

II. LOS APOLOGISTAS

El Señor Jesús prometió que sus seguidores serían odiados por los incrédulos del mundo. En **Juan 15:18,** dijo a sus discípulos: *Si el mundo os odia, sabéis que me ha odiado a mí antes que a vosotros.*

En **2 Timoteo 3:12,** el apóstol Pablo hizo una advertencia similar a Timoteo: *Y en verdad, todos los que quieren vivir piadosamente en Cristo Jesús, serán perseguidos.*

A medida que nos adentramos en el segundo siglo de la historia de la Iglesia, los creyentes seguían enfrentándose a la persecución y la hostilidad de la sociedad no cristiana que les rodeaba.

Los cristianos solían ser vistos como alborotadores y una molestia pública. La actitud negativa de la sociedad romana hacia el cristianismo se vio perpetuada por una serie de rumores malintencionados.

- ____________Ateísmo____________. Los cristianos fueron acusados de ser ateos porque rechazaban rotundamente el panteón de deidades romanas. Cuando se producían catástrofes naturales, los incrédulos se apresuraban a culpar a los cristianos, insistiendo en que los dioses estaban enfadados porque los cristianos alejaban a la gente de ellos.

- ____________Insurrección____________. Los primeros cristianos también eran sospechosos de sedición y se les acusaba de insurrectos, en parte porque su visión del mundo era radicalmente diferente de la sociedad que les rodeaba. Por ejemplo, se negaban a participar en cualquier cosa que se pareciera al culto al César. Ni siquiera declaraban: «El César es el Señor»; sino que insistian en que solo Jesús es el Señor (Romanos 10:9).

- ____________Inmoralidad____________. Un tercer rumor sugería que los cristianos participaban en la inmoralidad sexual en sus reuniones secretas. La «fiesta del amor» (véase Judas 12) fue malinterpretada por la imaginación de una sociedad pagana, al igual que los términos familiares afectuosos como «hermano» y «hermana».

- ____________Canibalismo____________. Quizá lo más estridente de todo es que se llegó a acusar a los cristianos de ser caníbales. Este rumor fue provocado por un malentendido de la Mesa del Señor. Cuando los forasteros escuchaban las frases «esto es mi cuerpo» y «esto es mi sangre», no entendían su significado simbólico.

En respuesta a estos falsos rumores, varios apologistas cristianos de los primeros siglos escribieron para defender la fe y aclarar la situación. El más conocido de estos apologistas fue un hombre llamado Justino Mártir (ver más adelante).

❖ **Para conversar.** ¿Cómo ven los incrédulos a los cristianos en nuestra sociedad? ¿Su percepción es exacta o inexacta? ¿Qué deben hacer los creyentes para defenderse en medio de una cultura secular?

III. JUSTINO MARTIR (FALLECIDO CA. 165)

Justino nació alrededor del ____________100____________ en el seno de una familia no cristiana. De joven, Justino buscó la verdad en varios sistemas filosóficos. Pero nunca quedó satisfecho hasta que conoció a un anciano cristiano que le explicó el evangelio. A partir de ese momento, Justino abrazó el cristianismo como la verdadera filosofía.

Tras convertirse en cristiano, Justino se trasladó a Roma, donde creó una escuela de entrenamiento.

Justino utilizó el concepto del ____________Logos divino____________ (o ____________«Verbo»____________ de Juan 1) como una forma de tender puentes a los adentrados en la filosofía griega. El concepto del Logos eterno (o «Palabra eterna») era prominente en ciertos sistemas filosóficos griegos.

Aunque algunas de las obras de Justino se han perdido, su *Primera Apología* (o Defensa), *Segunda Apología* y *Diálogo con Trifón* han sobrevivido.

La *Primera Apología* de Justino fue una defensa de la fe cristiana, dirigida al emperador Antonio Pío junto con el Senado romano. Su *Segunda Apología* también estaba dirigida al Senado romano. Estos tratados pueden considerarse como «cartas abiertas» al gobierno, en las que Justino explica por qué el cristianismo no debe ser objeto de persecución imperial.

Su *Diálogo con Trifón* recoge su conversación con un judío sobre si Jesús es realmente el Mesías. Justino reúne numerosos argumentos del Antiguo Testamento para demostrar que Jesús es tanto el Salvador prometido como el Hijo divino de Dios.

Tras debatir con un filósofo romano llamado Crescente, Justino fue denunciado a las autoridades como cristiano. Fue decapitado hacia el año 165, durante el reinado del emperador Marco Aurelio.

En su Primera Apología, escrita hacia el año 150, Justino describe un servicio de la iglesia primitiva:

«Y en el día llamado domingo, todos los que viven en las ciudades o en el campo se reúnen en un lugar y se leen las memorias de los apóstoles o los escritos de los profetas, mientras el tiempo lo permita; luego, cuando el lector ha cesado, el presidente [pastor] instruye verbalmente y exhorta a la imitación de estas cosas buenas. Luego nos levantamos todos juntos y oramos, y, como hemos dicho antes, cuando se termina nuestra oración, se trae pan y vino y agua, y el presidente, de la misma manera, ofrece oraciones y acciones de gracias, según su capacidad, y el pueblo asiente, diciendo Amén; y hay una distribución a cada uno, y una participación de lo que se ha dado gracias, y a los que están ausentes se les envía una porción por los diáconos. Y los que hacen el bien y dispuestos, dan lo que cada uno cree conveniente; y lo que se recoge se deposita con el presidente, que [cuida] de los huérfanos y las viudas, y de los que, por enfermedad o por cualquier otra causa, están necesitados, y de los que están presos, y de los extranjeros que residen entre nosotros, y en una palabra se ocupa de todos los que están necesitados. Pero el domingo es el día en el que todos celebramos nuestra asamblea común, porque es el primer día en el que Dios, habiendo realizado un cambio en las tinieblas y en la materia, hizo el mundo; y Jesucristo, nuestro Salvador, en el mismo día resucitó de entre los muertos».[1]

La descripción de Justino proporciona una buena idea de lo que ocurría en un servicio eclesiástico del siglo II. Observa al menos seis componentes importantes del servicio de adoración:

1. Se leían las Escrituras, tanto del Nuevo Testamento («las memorias de los apóstoles») como del Antiguo Testamento («los escritos de los profetas»).

2. El pastor predicaba un mensaje («discurso»), exhortando a la gente a obedecer las cosas que acababan de escuchar de la Escritura.

3. La congregación oraba junta.

4. La congregación participaba en la conmemoración de la Cena del Señor.

5. Se recogía una ofrenda voluntaria para satisfacer las necesidades de otros santos.

6. El servicio tenía lugar el domingo, el día en que Jesús resucitó de entre los muertos.

Los creyentes de hoy pueden sentirse animados cuando participan en esas mismas actividades en su iglesia local. Las iglesias fieles desde el siglo II hasta hoy se han caracterizado por estas prácticas basadas en la Biblia.

IV. LOS POLEMISTAS

Además de la persecución, el Nuevo Testamento también advierte a los cristianos sobre la realidad de falsos ______maestros______.

Por ejemplo, Pablo exhortó a los ancianos de Éfeso con estas palabras:

> **Hechos 20:29-30** *Sé que después de mi partida, vendrán lobos feroces entre vosotros que no perdonarán el rebaño, y que de entre vosotros mismos se levantarán algunos hablando cosas perversas para arrastrar a los discípulos tras ellos.*

Desde las primeras etapas de la historia de la Iglesia, vemos tanto el surgimiento de falsos maestros (que buscan distorsionar la verdad) como la determinación de los genuinos creyentes (que son celosos defensores de la verdad).

Estas antiguas herejías incluyen:

▶ ______Gnosticismo______. Un grupo diverso de movimientos falsos que cada uno afirmaba poseer el «conocimiento secreto» de la salvación. La palabra griega *gnosis* significa «conocimiento». El gnosticismo se caracterizaba por formas de dualismo, en las que las cosas materiales eran vistas como inferiores o malas en contraste con las realidades espirituales. Como resultado, los grupos gnósticos generalmente negaban que Jesús tuviera un cuerpo real y físico. En cambio, afirmaban erróneamente que solo tenía la apariencia de un cuerpo (véase 2 Juan 7).

▶ ______Marcionismo______. En consonancia con las ideas gnósticas sobre la inferioridad del mundo físico, Marción de Sinope (fallecido hacia el año 160) enseñaba que el Dios del Antiguo Testamento era una deidad malvada porque había creado este universo físico. Marción insistió además en que Jesús fue enviado por un dios desconocido para salvar a la gente del Dios del Antiguo Testamento. Para sostener sus puntos de vista, Marción rechazó el Antiguo Testamento y la mayoría de los escritos de los apóstoles. En respuesta a Marción y a otros falsos maestros, los cristianos comenzaron a crear listas de los libros que la Iglesia reconocía como canónicos.

▶ ______Modalismo______. Una negación de la Trinidad que enseñaba que a veces Dios opera en el modo del Padre, a veces en el modo del Hijo, y a veces en el modo del Espíritu Santo; pero nunca como tres personas distintas y coeternas. Según este punto de vista, el Padre se convirtió en el Hijo en la encarnación, lo que lleva a la conclusión de que fue el Padre quien sufrió en la cruz. Este error, llamado *patripasianismo* («sufrimiento del Padre»), fue rechazado como herético por la iglesia primitiva. Uno de los principales defensores del modalismo fue Sabelio, quien enseñó en Roma a principios del siglo III.

▶ ______Montanismo______. Un movimiento conocido por sus seguidores como la Nueva Profecía. Fue iniciado por un autoproclamado profeta llamado Montano (finales del siglo II), quien estaba acompañado por dos profetisas, Maximila y Priscila. Insistían en que el Espíritu Santo les daba nuevas revelaciones para la Iglesia; a menudo profetizaban de forma extática y dramática. Sus profecías promovían formas extremas de autoascetismo y predecían que Jesús regresaría pronto para establecer la Nueva Jerusalén en la región de Frigia. La Iglesia finalmente rechazó el movimiento como herético.

En respuesta a los errores de las falsas enseñanzas, la Iglesia tuvo cuidado de articular sus convicciones doctrinales. Estas convicciones teológicas se basaban en la autoridad de las Escrituras, pero su expresión se aclaraba a menudo ante los ataques heréticos.

En esta lección consideraremos a un par de los primeros polemistas (aquellos que se enfrentaron y refutaron la falsa enseñanza).

❖ **Para conversar.** ¿Cuáles son algunos errores comunes hoy en día que dicen pertenecer al cristianismo, pero que en realidad son formas de falsa enseñanza? Esto puede incluir grupos de culto y movimientos apóstatas. ¿Cómo pueden los creyentes armarse para estar preparados y responder a esos falsos movimientos?

A. Ireneo de Lyon (fallecido en el 202)

Ireneo nació alrededor del año ______________130______________.

De joven escuchó a Policarpo de Esmirna, lo que lo vincula a los Padres Apostólicos.

Se convirtió en obispo de una iglesia en la provincia romana de la Galia, en lo que hoy es Lyon, Francia.

Su obra más famosa, conocida como ______*Contra las herejías*______, fue escrita para refutar las falsas enseñanzas del gnosticismo.

▸ Ireneo señaló las Escrituras para defender la verdad y también para refutar los errores de los gnósticos.

    Ireneo: «No hemos aprendido de ningún otro el plan de nuestra salvación, sino de aquellos por los que ha llegado hasta nosotros el evangelio, que en un tiempo proclamaron en público, y, en un período posterior, por voluntad de Dios, nos lo transmitieron en las Escrituras, para que fuera la base y el pilar de nuestra fe».[2]

▸ Ireneo también identificó las creencias cristianas básicas que se habían transmitido desde la época de los apóstoles. Así es como describió esas verdades teológicas:

    Ireneo: «[La] antigua tradición de los apóstoles [es] creer en un solo Dios, Creador del cielo y de la tierra, y de todas las cosas que hay en ellos, por medio de Cristo Jesús, el Hijo de Dios; que, por su sobrecogedor amor hacia su creación, condescendió a nacer de la virgen, uniendo por sí mismo al hombre con Dios, y habiendo padecido bajo Poncio Pilato, y resucitando, y habiendo sido recibido con esplendor, vendrá con gloria, el Salvador de los que se salvan, y el Juez de los que se juzgan, y enviando al fuego eterno a los que transforman la verdad, y desprecian a su Padre y su advenimiento».[3]

▸ Los creyentes de hoy deberían animarse a ver esas doctrinas cristianas fundamentales articuladas con claridad y defendidas con audacia por este líder de la Iglesia del siglo II.

Hablando de audacia, Ireneo fue martirizado alrededor del año 202, cuando la persecución contra el cristianismo estalló en la región de la Galia.

❖ **Para conversar.** Los gnósticos a los que se enfrentó Ireneo enseñaban que había muchos dioses. ¿Qué pasajes de la Escritura utilizarías para refutar esa idea errónea? También negaban que Jesús tuviera un cuerpo humano real. De nuevo, ¿a qué pasaje de la Biblia acudirías para refutar esa idea?

B. Tertuliano de Cartago (ca. 155—240)

Nacido en el norte de África, en la ciudad de Cartago, se piensa tradicionalmente que Tertuliano se formó como abogado. Tanto si recibió esa formación como si no, en sus escritos muestra un alto grado de educación y habilidad retórica.

Fue el primer autor cristiano importante que escribió predominantemente en latín y no en griego. En consecuencia, se le conoce como el _«Padre de la teología latina (u occidental)»_.

Al describir la realidad de la triunidad de Dios, Tertuliano fue el primero en utilizar el término latino ____«Trinidad»____. Tertuliano defendía firmemente la verdad de que solo hay un Dios. Sin embargo, también reconoció que la Trinidad consiste en tres personas: Padre, Hijo y Espíritu Santo.

Como defensor del cristianismo, Tertuliano escribió una *Apología* (Defensa), así como una serie de obras polémicas, incluyendo una polémica *Contra Marción*.

Tertuliano también se oponía fuertemente a la idea de que el cristianismo debía ser influenciado por ____la filosofía griega____. Al identificar la filosofía griega por su lugar de nacimiento (Atenas), y la Iglesia por su lugar de nacimiento (Jerusalén), Tertuliano hizo la pregunta retórica:

> **Tertuliano:** «¿Qué tiene que ver Atenas con Jerusalén? ¿Qué concordia hay entre la Academia y la Iglesia? ¿Qué entre los herejes y los cristianos? Nuestra instrucción viene del "pórtico de Salomón", que había enseñado él mismo que "hay que buscar al Señor con sencillez de corazón". ¡Fuera todos los intentos de producir un cristianismo abigarrado de composición estoica, platónica y dialéctica!… Porque esta es nuestra [honorable] fe, que no hay nada en lo que debamos creer además [del evangelio]».[4]

A pesar de su precisión teológica en algunos aspectos, Tertuliano acabó uniéndose al movimiento montanista. Su asociación con ese movimiento lo ha convertido en una figura algo controvertida en la historia posterior de la Iglesia.

❖ **Para conversar.** La doctrina de la Trinidad se basa en dos verdades fundamentales: (1) solo hay un Dios; y (2) Dios existe eternamente en tres personas distintas (Padre, Hijo y Espíritu Santo) cada una de las cuales es verdadera e igualmente Dios. ¿Puedes pensar en algunos versículos que apoyen estas dos verdades bíblicas?

C. Orígenes de Alejandría (ca. 184—253)

Ningún estudio de la iglesia prenicena estaría completo sin mencionar a Orígenes.

Orígenes nació en Alejandría, Egipto. Cuando era joven, su padre fue martirizado por ser cristiano. Orígenes quiso ir con él a ser martirizado, pero se lo impidió su madre, quien escondió sus ropas para que no pudiera salir de casa.

Asistió a una escuela de formación cristiana en Alejandría, y formó parte de la iglesia allí hasta que entró en conflicto con el obispo. Orígenes se trasladó a Cesarea, donde se convirtió en un conocido profesor y prolífico escritor.

Orígenes fue uno de los pensadores cristianos más influyentes de la iglesia primitiva; produjo aproximadamente ____2000____ tratados sobre diversos temas teológicos.

Su legado, sin embargo, es una mezcla de contribuciones positivas y negativas.

En lo positivo, Orígenes organizó el primer enfoque sistemático de la teología en una obra llamada *Sobre los Primeros Principios*. También escribió comentarios sobre varios libros de la Biblia y defendió la fe cristiana contra un filósofo pagano llamado Celso.

En lo negativo, Orígenes enseñó algunas doctrinas extrañas, como la preexistencia del alma humana.

También promovió un enfoque alegórico para la interpretación de la Biblia. El enfoque alegórico ya se había utilizado en Alejandría, y Orígenes siguió popularizándolo.

Según el método alegórico de Orígenes, cada texto de la Escritura tiene tres niveles de significado, correspondientes al cuerpo, al alma y al espíritu.

- **El cuerpo:** el significado _______literal_______ se centra en lo que dice el texto si se toma al pie de la letra. Este significado se consideraba el menos útil.

- **El alma:** el significado _______ético_______ implicaba la verdad moral que enseñaba el texto.

- **El espíritu:** el significado _______espiritual_______ permitía al intérprete convertir el texto en una serie de símbolos o metáforas, que generalmente se interpretaban de forma que apuntaban a Jesús.

Aunque el enfoque alegórico de Orígenes para la interpretación era sin duda bien intencionado, abrió la puerta a todo tipo de interpretaciones imaginativas y fantasiosas.

Durante la persecución del cristianismo bajo el emperador Decio, Orígenes fue torturado por su fe. Esas heridas dañaron permanentemente su salud y murió varios años después.

Debido a algunas de las controvertidas enseñanzas de Orígenes, fue condenado por un concilio eclesiástico del siglo VI: el Segundo Concilio de Constantinopla en 553.

❖ **Para conversar.** Como se ha señalado anteriormente, el enfoque de Orígenes sobre la interpretación bíblica dejaba la puerta abierta a interpretaciones imaginativas y fantasiosas que no tenían nada que ver con el pasaje de la Escritura que se estaba estudiando. ¿Por qué es importante tener un método sólido para estudiar e interpretar la Biblia (véase 2 Timoteo 2:15)? ¿Cuáles son las posibles consecuencias de una mala interpretación de las Escrituras?

- En la lección 6 estudiaremos a un predicador del siglo IV llamado Juan Crisóstomo, que mostró un enfoque mucho mejor de la interpretación de la Biblia. Crisóstomo insistió en que el significado de un pasaje tenía que estar ligado a una comprensión literal del texto. De este modo, evitaba los problemas que conlleva la alegorización de la Palabra de Dios.

V. DEFENDER LA VERDAD

Los líderes cristianos de los siglos II y III se enfrentaron a desafíos únicos.

La fidelidad a Cristo requería la valentía de mantenerse firme, incluso frente a la oposición severa, la persecución violenta y posiblemente incluso la ejecución. Hombres como Justino e Ireneo dieron su vida como mártires por Cristo, al igual que otros creyentes durante este período. Su determinación no flaqueó ni siquiera ante la muerte.

Dentro de la Iglesia, la fidelidad a Cristo también significaba mantenerse firme en la verdad frente al error.

Los falsos maestros representaban una amenaza constante. En respuesta, los líderes de la Iglesia escribían refutaciones cuidadosas y convincentes, basando sus argumentos en la enseñanza de la Palabra de Dios.

Al considerar sus ejemplos, detengámonos a reflexionar en cómo es la fidelidad al Señor en nuestras vidas, tanto dentro como fuera de la Iglesia.

❖ **Para conversar.** ¿Cómo pueden los creyentes de la Iglesia contemporánea continuar contendiendo fervientemente por la fe? ¿Qué impide a los creyentes adoptar una postura firme en las áreas de la apologética y la polémica? ¿Qué puedes hacer para ser fiel como seguidor de Jesucristo?

Lección 5

DEFENDIENDO LA DEIDAD DE CRISTO

Atanasio y el Concilio de Nicea

PASAJE CLAVE: Juan 1:1–3

En el principio existía el Verbo, y el Verbo estaba con Dios, y el Verbo era Dios. Él estaba en el principio con Dios. Todas las cosas fueron hechas por medio de Él, y sin Él nada de lo que ha sido hecho, fue hecho.

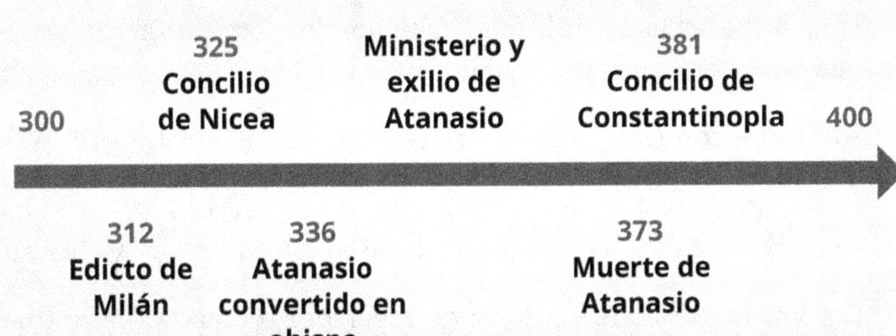

I. UN PUNTO DE INFLEXIÓN IMPORTANTE

Bajo el emperador Diocleciano, los cristianos del Imperio romano fueron intensamente perseguidos. Durante 250 años, que se remontan a la época de Nerón, los creyentes del mundo romano se enfrentaron a intermitentes oleadas de persecución gubernamental. Pero eso estaba a punto de cambiar.

Tras el fin del reinado de Diocleciano en el año 305, se produjo una lucha por el poder dentro del Imperio romano.

Varios años más tarde, Constantino I (el Grande) ganó el control del Imperio romano de Occidente al derrotar a Maximiano en el 310 y a su hijo Majencio en el 312.

Antes de la batalla con Majencio, Constantino afirmó haber tenido una visión en la que se le decía que debía conquistar bajo el signo de la cruz. Como resultado de esa experiencia, Constantino profesó convertirse en cristiano.

En el año 313, Constantino y Licinio (emperador romano de Oriente) promulgaron el _____*Edicto de Milán*_____, que trajo paz y protección legal a la Iglesia cristiana. Los seguidores de Jesús que vivían en el Imperio romano pasaron de ser un pueblo perseguido a una clase protegida.

En _____324_____, Constantino derrotó a Licinio y se convirtió en el único gobernante de todo el Imperio romano.

Al año siguiente, en 325, Constantino organizó el primer concilio general de la Iglesia (desde el Concilio de Jerusalén en Hechos 15). El concilio se reunió en Nicea.

Más tarde, bajo Teodosio el Grande (que reinó entre 379 y 395), el cristianismo niceno se convirtió exclusivamente en la religión oficial del Imperio romano.

II. ATANASIO Y EL CONCILIO DE NICEA

Atanasio vivió en el siglo IV (alrededor de 298–373). Fue pastor de la iglesia de Alejandría (Egipto).

La cuestión teológica central en la época de Atanasio era la _____deidad_____ de Jesucristo, y la doctrina estrechamente relacionada de la Trinidad.

Atanasio defendió tenazmente la deidad de Cristo. Como resultado, él fue un instrumento para evitar que la Iglesia cayera en graves errores doctrinales.

Algunos han llamado a Atanasio «el santo de la terquedad», porque se negó a comprometer su defensa de la verdad.

Antes de convertirse en obispo (o pastor principal) de la iglesia de Alejandría, Atanasio sirvió como diácono bajo el liderazgo de un hombre llamado Alejandro.

Uno de los ancianos de la iglesia, un hombre llamado Arrio, comenzó a enseñar que Cristo era un ser creado, que no era eterno y, por lo tanto, no era igual a Dios Padre.

Alejandro condenó a Arrio por sus opiniones heréticas; pero Arrio siguió promoviendo su posición.

La controversia dio lugar a un sínodo regional (celebrado en Egipto en el año 318), y finalmente condujo al Concilio de Nicea (en el que participaron los líderes de la iglesia de todo el Imperio romano) en el año 325.

El Concilio fue convocado por el emperador romano Constantino, y su objetivo principal era resolver esta controversia. Cerca de 320 obispos de todo el Imperio romano, incluso de algunas regiones circundantes, viajaron a Nicea (acompañados de ancianos y diáconos de sus iglesias) para participar en el Concilio. Comprendieron la importancia de la cuestión que se debatía.

Aunque Atanasio era solo un diácono en el momento del Concilio, sus opiniones estaban claramente representadas por Alejandro.

En el Concilio se expusieron tres posiciones principales sobre la deidad de Cristo:

- __Hetero-ousios__ («De una sustancia diferente»). Este era el punto de vista de Arrio. Como se señaló anteriormente, enseñó que Jesucristo, el Hijo de Dios, era un ser creado. Por lo tanto, él argumentaba que, Jesús era de una sustancia o esencia diferente a la de Dios Padre. Sobre esta base, Arrio sostenía que Cristo no era igual en autoridad o deidad al Padre. En pocas palabras, Arrio negaba que Jesús fuera Dios, enseñando en cambio que era una criatura.

- __Homo-ousios__ («De la misma sustancia»). En contraste con Arrio, Alejandro y Atanasio insistieron en que Jesucristo no era un ser creado. Más bien, es el Hijo eterno de Dios que es coigual al Padre. Como Dios Hijo es eterno, al igual que el Padre, es de la misma sustancia o esencia que el Padre. En otras palabras, Alejandro y Atanasio afirmaron que Jesús es Dios, enseñando que no es una criatura, sino el Creador increado.

- __Homoi-ousios__ («De una sustancia similar»). Cuando la posición original de Arrio (hetero-ousios) fue inmediatamente rechazada por los obispos asistentes al Concilio, se presentó una versión modificada. Esta sugería que el Hijo de Dios era de una «sustancia similar» al Padre. Arrio y sus partidarios adoptaron esta posición, utilizando el lenguaje de la «sustancia similar» para minimizar las diferencias que, según ellos, existían entre el Padre y el Hijo. Alejandro y Atanasio se negaron a aceptar esta posición porque entendían correctamente que «similar» sigue significando «diferente».

Tras semanas de debate, el Concilio afirmó por abrumadora mayoría la posición homo-ousios, y declaró su creencia de que el Hijo de Dios es «de la misma sustancia» que Dios Padre. Dios el Hijo es coeterno, coesencial y coigual con Dios el Padre.

Una interesante tradición sugiere que un obispo llamado Nicolás de Myra (ca. 270–343) asistió al Concilio. Indignado por la negación de la deidad de Jesús por parte de Arrio, Nicolás se levantó durante los procedimientos, se enfrentó a Arrio y lo abofeteó por blasfemia. Con el tiempo, Nicolás pasó a ser conocido como «San Nicolás» y, finalmente, Santa Claus. Aunque las distorsiones modernas de Santa Claus distraen y desvían la atención del culto a Jesús, es notable señalar que el «San Nicolás» original era un ferviente defensor de la deidad de Cristo.

III. EL PUNTO DE PARTIDA: LA AUTORIDAD BÍBLICA

¿Por qué los líderes cristianos que se reunieron en Nicea afirmaron mayoritariamente la doctrina de la deidad de Cristo? Su principal punto de partida fueron las Escrituras, y vieron esta verdad claramente enseñada en la Palabra de Dios.

En este sentido, el líder eclesiástico del siglo IV, Gregorio de Nisa (un joven contemporáneo de Atanasio), explicó, en su conflicto con los arrianos, que solo la Escritura debe ser la que determine estas cosas. Ningún concilio o tradición eclesiástica sería suficiente.

> **Gregorio de Nisa** (ca. 335–395): «¿Cuál es entonces nuestra respuesta [a los arrianos]? No creemos que sea correcto hacer que su costumbre prevaleciente sea la ley y la regla de la sana doctrina. Porque si la costumbre [o la tradición] ha de servir de prueba de la solidez, también nosotros, sin duda, podemos adelantar nuestra costumbre imperante; y si ellos la rechazan, no estamos obligados a seguir la suya. Dejemos, pues, que la Escritura inspirada sea nuestro árbitro, y el voto de la verdad se dará seguramente a aquellos cuyos dogmas se encuentren de acuerdo con las palabras divinas».[1]

De la misma manera que nosotros debemos acudir a la Palabra de Dios como base autorizada para lo que creemos, los líderes cristianos de los primeros siglos de la historia de la Iglesia examinaron de manera similar las Escrituras para ver si estas cosas eran así (véase Hechos 17:11).

La verdad de la deidad de Jesús impregna las Escrituras. Aquí hay diez líneas de evidencia que afirman la doctrina de la deidad de Cristo, con las correspondientes referencias bíblicas:

1. _____Profecía divina_____. En el Antiguo Testamento, el profeta Isaías predijo que el Mesías sería «Dios poderoso» (Isaías 9:6; Mateo 1:23).

2. _____Existencia divina_____. Jesús explicó que Él estaba con el Padre en la eternidad pasada, antes de que el mundo comenzara (Juan 17:5; véase también Juan 1:1-2; 6:62; 8:23; 16:28).

3. _____El nombre divino_____. Al llamarse a sí mismo «Yo soy» en Juan 8:58, Jesús se identificó como Yahweh, el nombre de pacto de Dios en el Antiguo Testamento (véase también Juan 6:51; 10:9, 11; 11:25; 14:6; 15:1). Otros escritores del Nuevo Testamento también toman los textos del Antiguo Testamento acerca de Yahweh y los aplican directamente a Jesús (véase Mateo 3:3; Romanos 10:9-13; Filipenses 2:10-11; 1 Pedro 3:14-15).

4. _____Autoridad divina_____. Jesús reivindicó su autoridad sobre el sábado (Mateo 12:8; Marcos 2:28; Lucas 6:5) y sobre el destino final de las personas (Juan 8:24; véase también Lucas 12:8-9; Juan 5:22, 27-29). También reivindicó la autoridad para perdonar los pecados (Marcos 2:5-11). Incluso los enemigos de Jesús reconocieron que este tipo de autoridad pertenece exclusivamente a Dios.

5. _____Poder divino_____. Jesús no solo reivindicó la autoridad divina, sino que ejerció el poder divino. Con nada más que una palabra, dominó a los demonios (Marcos 1:2-27; 3:11; 5:1-20), sometió a la naturaleza

(Lucas 5:1-11; 8:22-25; 9:10-17) y erradicó las enfermedades (Marcos 1:29-31, 40-45; 5:25-43; 8:22-26). En repetidas ocasiones mostró el poder de hacer lo que solo Dios puede hacer.

6. _____Propiedad divina_____. De acuerdo con su prerrogativa divina, Jesús reclamó la posesión de lo que solo pertenece a Dios. Afirmó que los ángeles de Dios son sus ángeles (Mateo 13:41; 24:30-31), que el pueblo elegido de Dios es su pueblo elegido (Mateo 24:30-31) y que el reino de Dios es su reino (Mateo 13:41; 16:28; Lucas 1:33).

7. _____Exaltación divina_____. El Antiguo Testamento prohíbe la adoración de cualquier persona que no sea Dios (Éxodo 20:3). Sin embargo, el Nuevo Testamento declara que Jesús es digno de adoración (Mateo 14:33; 28:9; Lucas 24:53; Filipenses 2:10-11; Hebreos 1:6; Apocalipsis 1:17). La implicación claramente es que Jesús es Dios.

8. _____Títulos divinos_____. Jesús se aplicó a sí mismo títulos divinos. Por ejemplo, se llamó a sí mismo Hijo del Hombre, un título que refleja las implicaciones divinas de Daniel 7:13-14. También se llamó a sí mismo Hijo de Dios. Incluso sus enemigos reconocieron que, al usar ese título, Jesús afirmaba la igualdad con Dios (Mateo 27:43; Juan 5:18; 10:46; 19:7).

9. _____Unidad divina_____. En el aposento alto, la noche antes de su muerte, Jesús explicó que estaba en perfecta unidad con el Padre. Dijo a sus discípulos: «El que me ha visto a mí, ha visto al Padre» (Juan 14:9-10; véase también 10:30; 12:45). Si Jesús no fuera coigual con el Padre, nunca podría hacer tal afirmación y estar diciendo la verdad.

10. _____Afirmación divina_____. El resto de los escritos del Nuevo Testamento, más allá de los cuatro Evangelios, afirman repetidamente que Jesús es Dios. La evidencia colectiva del Nuevo Testamento proporciona un caso irrefutable de la deidad de Cristo (Juan 1:1; Hechos 20:28; Romanos 9:5; 1 Corintios 1:24; 2 Corintios 4:4; Filipenses 2:6; Colosenses 2:9; Tito 2:13; Hebreos 1:3, 8; 2 Pedro 1:1; 1 Juan 5:20).

Cabe señalar que en pasajes como Colosenses 1:15, donde se utiliza la palabra «primogénito» para referirse a Jesús, no significa que Él fuera el primer ser creado. En cambio, se refiere al hecho de que Él ocupa una posición de prominencia y preeminencia sobre la creación. En el mundo antiguo, esta interpretación de «primogénito» estaba en consonancia con los derechos y privilegios generalmente asociados a ser el hijo mayor. Por eso, cuando Pablo dice que Jesús es el «primogénito de toda creación», quiere decir que Jesús, como Creador (v. 16), ocupa el primer lugar de mayor honor sobre toda la creación.

Queda claro, según el v. 18, que este es el significado que se pretende, porque Pablo escribe que Jesús es «el primogénito de entre los muertos». Jesús no fue la primera persona en la historia de la humanidad que resucitó de entre los muertos (por ejemplo, véase 1 Reyes 17:17-24; 2 Reyes 4:20-37; 13:21; Marcos 5:35-43; Lucas 7:11-17; Juan 11:1-44). Pero, Él se encuentra en una posición de prominencia y preeminencia sobre cualquier otro que haya sido o sea resucitado. Por lo tanto, Él es considerado correctamente como el «primogénito», ya que ocupa la posición de mayor rango y honor.

Armados con la verdad de la Palabra de Dios, los pastores que asistieron al Concilio de Nicea acordaron defender la verdad bíblica. Por el contrario, condenaron las enseñanzas de Arrio como heréticas y peligrosas.

❖ **Para conversar.** De las razones enumeradas anteriormente, ¿cuál te parece más convincente respecto a la deidad de Cristo? ¿Cómo usarías estas razones para presentar la verdad de que Jesús es Dios a un incrédulo?

IV. EL TESTIMONIO DE LA HISTORIA: LA AFIRMACIÓN PATRÍSTICA

Dado que el Concilio de Nicea tuvo lugar en el año 325, los líderes que se reunieron allí también conocían las enseñanzas de las generaciones anteriores de cristianos. Aunque no tienen autoridad, estos escritos proporcionan un testimonio inequívoco de que los creyentes del siglo I en adelante adoraban a Jesucristo como Dios.

Por ejemplo, hacia el año 106, el gobernador romano Plinio el Joven escribió una carta en la que explicaba que los cristianos de su región cantaban himnos «a Cristo como a un dios».[2]

Este compromiso con la deidad de Cristo es afirmado repetidamente por los primeros líderes de la Iglesia. Aquí tienes una lista representativa de diez escritores cristianos antiguos que lo confirman:

Ignacio de Antioquía (ca. 50–117): «Porque nuestro Dios, Jesús el Cristo, fue concebido por María según el plan de Dios, tanto de la semilla de David como del Espíritu Santo».[3]

«Esperad al que está por encima del tiempo: el Eterno, el Invisible, que por nosotros se hizo visible; el Intangible, el Impasible, que por nosotros sufrió, que por nosotros soportó en todo».[4]

Policarpo de Esmirna (ca. 69–155): «Que el Dios y Padre de nuestro Señor Jesucristo, y el mismo sumo sacerdote eterno, el Hijo de Dios Jesucristo, os edifiquen en la fe y en la verdad…, y a nosotros con vosotros, y a todos los que bajo el cielo crean todavía en nuestro Señor y Dios Jesucristo y en su Padre que lo resucitó de entre los muertos».[5]

Epístola de Bernabé (ca. 130): «Si el Señor se sometió a sufrir por nuestras almas, aunque es el Señor de todo el mundo, a quien Dios dijo en la fundación del mundo: "Hagamos a la humanidad según nuestra imagen y semejanza", ¿cómo es, entonces, que se sometió a sufrir a manos de los humanos?».[6]

Justino (ca. 100–165): «Permítanme primero relatar las profecías, lo que deseo hacer para demostrar que Cristo es llamado tanto Dios como Señor de los ejércitos».[7]

«Por lo tanto, estas palabras testifican explícitamente que Él [Jesús] es atestiguado por Aquel [el Padre] que estableció estas cosas, como merecedor de ser adorado, como Dios y como Cristo».[8]

Tatiano (ca. 110–172): «No actuamos como tontos, oh griegos, ni decimos tonterías cuando anunciamos que Dios nació en forma de hombre».[9]

Melito de Sardis (fallecido hacia el 180): «El que colgó la tierra en el espacio, fue Él mismo colgado; el que fijó los cielos, fue fijado con clavos; el que soportó la tierra, fue soportado en un árbol; el Señor de todo fue sometido a la ignominia en un cuerpo desnudo: ¡Dios puesto a muerte!… Para que no se le viera, las luminarias se apartaron y el día se oscureció, porque mataron a Dios, que colgaba desnudo en el madero… este es el que hizo los cielos y la tierra, y que en el principio, junto con el Padre, formó al hombre; que fue anunciado por medio de la ley y los profetas; que tomó forma corporal en la virgen; que fue colgado en el madero; que fue sepultado en la tierra; que resucitó del lugar de los muertos, y subió a la altura del cielo, y está sentado a la derecha del Padre».[10]

Ireneo de Lyon (ca. 120–202): «[Jesucristo] es Él mismo por derecho propio, más allá de todos los hombres que han vivido, Dios, y Señor, y Rey eterno, y el Verbo encarnado, proclamado por todos los profetas, los apóstoles y por el mismo Espíritu».[11]

«Cristo Jesús [es] nuestro Señor, y Dios, y Salvador, y Rey, según la voluntad del Padre invisible».[12]

«Cristo mismo, por lo tanto, junto con el Padre, es el Dios de los vivos, que habló a Moisés, y que también se manifestó a los padres».[13]

«Recibió el testimonio de todos de que era verdadero hombre, y de que era verdadero Dios, del Padre, del Espíritu, de los ángeles, de la misma creación, de los hombres, de los espíritus apóstatas y de los demonios».[14]

Clemente de Alejandría (ca. 150–215): «Este Verbo, pues, el Cristo, la causa tanto de nuestro ser al principio (pues estaba en Dios) como de nuestro bienestar, este mismo Verbo ha aparecido ahora como hombre, siendo Él solo, tanto Dios como hombre, el Autor de todas las bendiciones para nosotros; por quien, siendo enseñados a vivir bien, somos enviados a nuestro camino hacia la vida eterna… El Verbo, que en el principio nos dio la vida como Creador cuando nos formó, nos enseñó a vivir bien cuando se presentó como nuestro Maestro; para que como Dios, Él pueda después conducirnos a la vida que nunca termina».[15]

Tertuliano (ca. 160–225): «Porque solo Dios está libre de pecado; y el único hombre sin pecado es Cristo, ya que Cristo es también Dios».[16]

«Así Cristo es Espíritu de Espíritu, y Dios de Dios, como se enciende la luz de la luz… lo que ha salido de Dios es a la vez Dios e Hijo de Dios, y los dos son uno. De esta manera también, como Él es Espíritu de Espíritu y Dios de Dios, es hecho un segundo en la forma de existencia (en posición, no en naturaleza); y no se retiró de la fuente original, sino que salió. Este rayo de Dios, pues, como siempre se predijo en la antigüedad, descendiendo en cierta virgen, y haciéndose carne en su vientre, es en su nacimiento Dios y hombre unidos».[17]

Cayo (ca. 180–217): «Porque ¿quién ignora los libros de Ireneo y Melito, y los demás, que declaran que Cristo es Dios y hombre? También todos los salmos e himnos de los hermanos, que han sido escritos desde el principio por los fieles, celebran a Cristo como Palabra de Dios, atribuyéndole la divinidad».[18]

Como demuestran estos ejemplos, los creyentes desde el principio de la Iglesia reconocieron la verdad sobre Jesucristo: Él es verdaderamente Dios y verdaderamente hombre, el único mediador entre Dios y los hombres.

❖ **Para conversar.** De las citas anteriores de los líderes cristianos prenicenos, ¿cuáles te han llamado la atención? ¿Qué te ha parecido convincente de esas afirmaciones?

V. LA CONCLUSIÓN DEL CONSEJO: LA ARTICULACIÓN DEL CREDO

En el Concilio de Nicea en el año 325, la verdadera Iglesia se levantó para defender la deidad de Cristo de los ataques arrianos.

El Concilio de Nicea no ______determinó______ o ______estableció______ la doctrina de la deidad de Cristo. Más bien ______afirmó______ y ______defendió______ la doctrina que siempre había sido enseñada por la Iglesia, remontándose al tiempo de los apóstoles y que estaba establecida en las Escrituras.

La afirmación de su deidad fue reconocida de forma abrumadora por quienes participaron en el Concilio de Nicea. De los aproximadamente 320 obispos que asistieron al Concilio, todos menos dos firmaron el Credo de Nicea. Ambos eran ardientes partidarios de Arrio.

El Credo de Nicea es uno de los más influyentes de la historia de la Iglesia. Aquí está el meollo del Credo:

> «Creo en un solo Dios Padre Todopoderoso; Creador del cielo y de la tierra, y de todas las cosas visibles e invisibles; y en un solo Señor Jesucristo, Hijo Unigénito de Dios, engendrado del Padre antes de todos los siglos, Dios de Dios, Luz de Luz, verdadero Dios de Dios verdadero, engendrado, no hecho, consubstancial con el Padre; por el cual todas las cosas fueron hechas; el cual, por amor a nosotros y por nuestra salud descendió del cielo, y tomando nuestra carne de la virgen María, por el Espíritu Santo, fue hecho hombre, y fue crucificado por nosotros bajo el poder de Poncio Pilatos, padeció, y fue sepultado; y al tercer día resucitó según las Escrituras, subió a los cielos y está sentado a la diestra de Dios Padre. Y vendrá otra vez con gloria a juzgar a los vivos y a los muertos; y su reino no tendrá fin. Y creo en el Espíritu Santo».[19]

Medio siglo más tarde, en el Primer Concilio de Constantinopla (en 381), el Credo de Nicea se ampliaría para incluir más detalles sobre la persona y la obra del Espíritu Santo.

Aunque la victoria en Nicea había sido abrumadora, la controversia con el arrianismo siguió haciendo estragos en el Imperio romano durante los siguientes cincuenta años.

❖ **Para conversar.** Anteriormente en esta lección, señalamos que la autoridad para lo que creemos debe ser la Biblia, no un concilio de la Iglesia. ¿Por qué es importante recordar este principio, especialmente al estudiar el Concilio de Nicea y el Credo de Nicea?

VI. CONTRA EL MUNDO

Aunque solo era diácono en la época del Concilio de Nicea (325), Atanasio pasó la mayor parte del siglo IV luchando contra las falsas enseñanzas de Arrio. Se convirtió en obispo de Alejandría pocos años después (en 328).

Durante los siguientes cuarenta y cinco años de su ministerio sería exiliado cinco veces, para pasar un total de diecisiete años en el exilio.

A pesar de haber sido denunciado en el Concilio de Nicea, el arrianismo siguió siendo una opinión popular en el Imperio romano. Por ello, Atanasio se encontró repetidamente en la mira política de sus enemigos.

► En el año 336, Atanasio fue acusado falsamente de secuestrar a otro obispo (llamado Arsenio) y de cortarle la mano para utilizarla en conjuros mágicos.

► Aunque pudo demostrar su inocencia, fue enviado al exilio (por el emperador Constantino) cuando sus adversarios lo acusaron de interferir en los envíos de trigo de Alejandría a Roma. Pudo regresar a Alejandría dos años después, cuando murió Constantino.

► Poco después, un partidario de Arrio convenció a Constancio II (hijo de Constantino) para que se deshiciera de Atanasio. Esto dio lugar a los dos siguientes exilios de Atanasio (de 339–346 y de 356–361).

► En una de esas ocasiones, los soldados romanos asaltaron la iglesia durante un servicio de comunión, lo que obligó a Atanasio a huir y esconderse en el desierto egipcio.

► En el año 362, Atanasio se vio de nuevo obligado a exiliarse por el emperador Juliano. A diferencia de Constantino, Juliano no pretendía ser cristiano. Intentó llevar al Imperio romano de vuelta al paganismo. Cuando se hizo obvio que Atanasio era firme en su convicción cristiana, Juliano lo expulsó de Alejandría. El exilio terminó cuando murió Juliano.

► El quinto y último exilio se produjo bajo el emperador Valente, que simplemente desalojó a Atanasio porque ya había sido exiliado por Juliano. Cuando Valente se dio cuenta de que el pueblo de Alejandría amaba a Atanasio, hizo que se le restituyera en su cargo (para ganar popularidad entre los ciudadanos de Alejandría).

Durante estos tiempos de exilio, a veces parecía que Atanasio estaba solo en su lucha por la doctrina de la deidad de Cristo. Parecía que era Atanasio contra el mundo. Sin embargo, se negó a renunciar a su compromiso con la verdad.

La realidad es que otros se unieron a la causa de Atanasio, incluyendo líderes del siglo IV como Basilio de Cesárea, Gregorio de Nisa y Gregorio de Nacianzo.

En términos humanos, su fidelidad se vio recompensada en el año 380, cuando el emperador Teodosio I proscribió las opiniones heréticas de Arrio y declaró que el cristianismo niceno (trinitario) era la religión oficial del Imperio romano.

❖ **Para conversar.** Atanasio soportó 17 años de exilio porque se negó a comprometer la verdad de que Jesús es Dios. ¿Por qué consideraba Atanasio que la doctrina de la deidad de Cristo era tan importante? ¿Por qué causa estarías dispuesto a ir al exilio?

VII. EL LEGADO DE ATANASIO

He aquí algunas lecciones que podemos aprender del hombre apodado «el santo de la terquedad»:

Debemos estar dispuestos a contender seriamente por las doctrinas cristianas fundamentales (véase Judas 3-4). Una comprensión correcta de la persona de Cristo no es algo periférico, sino central para la fe. Atanasio reconoció la importancia de esa verdad, y estuvo dispuesto a sacrificar mucho para defenderla.

A veces, ser fiel significa también ser impopular. Atanasio se convirtió en objeto de ataques políticos y de escarnio público porque se negó a transigir. Su tenacidad nos proporciona un ejemplo convincente que debemos considerar.

La clave para honrar a Dios es mantenerse firme y fiel a lo que enseña la Biblia. Los pastores que firmaron el Credo de Nicea lo hicieron porque vieron la deidad de Cristo claramente enseñada en las Escrituras. Esa misma convicción basada en la Biblia alimentó la tenaz determinación de Atanasio, incluso frente a una gran oposición.

Los ejemplos de los hombres fieles de las generaciones pasadas deberían motivarnos a enfrentarnos fielmente al mundo en nuestra propia generación. Atanasio vivió sus convicciones con constancia y valor. Su compromiso con la verdad no vaciló. Su ejemplo debería motivarnos a hacer lo mismo en nuestros días. La verdad bíblica es constantemente atacada. La pregunta es: ¿estamos dispuestos a defender lo que sabemos que es correcto y verdadero?

❖ **Para conversar.** ¿Cuál de estas lecciones te resulta más convincente? ¿Qué puedes hacer para poner en práctica ese principio?

LA GRACIA Y LA VERDAD

Agustín, Crisóstomo y la iglesia posnicena

- - -

PASAJE CLAVE: Juan 1:14-17

El Verbo se hizo carne, y habitó entre nosotros, y vimos su gloria, gloria como del unigénito del Padre, lleno de gracia y de verdad. Juan dio testimonio de Él y clamó, diciendo: Este era del que yo decía: "El que viene después de mí, es antes de mí, porque era primero que yo". Pues de su plenitud todos hemos recibido, y gracia sobre gracia. Porque la ley fue dada por medio de Moisés; la gracia y la verdad fueron hechas realidad por medio de Jesucristo.

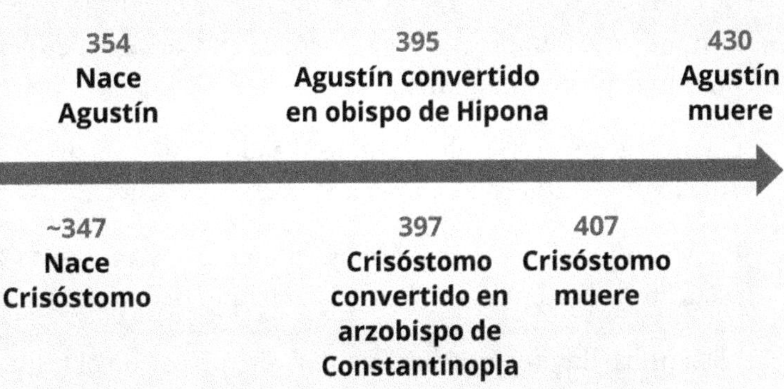

- - -

I. INTRODUCCIÓN

Esta lección se centrará en dos principios clave de la fe cristiana: la gracia del evangelio y la verdad de la Palabra de Dios. Como demuestra el pasaje anterior, tanto la gracia como la verdad se hicieron realidad plenamente en el Señor Jesús.

Para destacar estos temas, consideraremos el impacto de dos influyentes líderes cristianos que vivieron a finales del siglo IV y principios del V.

Dentro del Imperio romano, uno era de Occidente, el otro de Oriente. Uno es conocido principalmente como teólogo, aunque también fue predicador. El otro es conocido principalmente como predicador, aunque también se dedicó a la discusión y al debate doctrinal.

El impacto de su legado reverberó en los siglos posteriores, y aún se siente hoy en día. Para reformadores protestantes como Juan Calvino (1509–1564), estos dos padres de la Iglesia ocuparon un lugar de influencia único.

Calvino apreciaba especialmente la teología de Agustín: su énfasis en la depravación pecaminosa del hombre y la gracia inmerecida de Dios. Calvino también valoraba mucho el modo en que Crisóstomo abordaba la Biblia, interpretándola de un modo directo que explicaba el significado literal del texto y destacaba sus implicaciones prácticas.

II. AGUSTÍN (354–430)

Aurelius Augustinus («Agustín») nació en el norte de África, no lejos de la costa mediterránea, en la actual Argelia.

Su padre era incrédulo; pero su madre, Mónica, era cristiana. Le enseñó a su hijo la Biblia y la fe cristiana. También oraba diligentemente por la conversión de su hijo.

En sus *Confesiones,* Agustín explica cómo Dios lo salvó. En el capítulo 1, escribe su famosa oración: «Nuestros corazones están inquietos hasta que encuentren descanso en ti, Señor». La inquietud en el corazón no redimido de Agustín lo obligaba a perseguir los placeres de este mundo.

A los dieciséis años, Agustín dejó su casa para estudiar retórica en Cartago. Un año después, inició una relación sentimental de casi quince años con una mujer con la que nunca se casó. Juntos tuvieron un hijo.

La búsqueda de satisfacción de Agustín lo llevó a la búsqueda de la verdad. En esta época, rechazó la Biblia porque no le parecía elocuente ni filosóficamente sofisticada. En cambio, se sintió atraído por las falsas enseñanzas del maniqueísmo, una herejía que intentaba combinar el cristianismo con la falsa religión del zoroastrismo.

Durante este tiempo, Agustín enseñaba en Cartago; pero en el 384, tras una breve estancia en Roma, obtuvo un puesto de profesor en Milán.

Cuando llegó a Milán, había abandonado el maniqueísmo y comenzó a explorar el neoplatonismo. Pero el anhelo que sentía en su alma aún no estaba satisfecho.

En Milán fue a escuchar al famoso predicador Ambrosio (340–397). Como profesor de retórica, Agustín fue a escuchar la gran oratoria. Pero el contenido de los sermones de Ambrosio comenzó a penetrar en su corazón.

Dios utilizó la predicación de Ambrosio, junto con el testimonio de algunos amigos de Agustín, para atraer el corazón de Agustín hacia Él.

Un día, mientras estaba sentado al aire libre bajo un árbol, oyó a un niño de una casa cercana decir: «Toma y lee». Agustín lo tomó como si viniera de Dios. Encontró una Biblia y la abrió. Sus ojos se posaron en la verdad de Romanos 13:13-14:

> **Romanos 13:13-14.** *Andemos decentemente, como de día, no en orgías y borracheras, no en promiscuidad sexual y lujurias, no en pleitos y envidias; antes bien, vestíos del Señor Jesucristo, y no penséis en proveer para las lujurias de la carne.*

Cuando Agustín leyó ese pasaje, se le quitaron las vendas de los ojos. Entendió el evangelio y creyó.

Tras su conversión, de inicio Agustín deseó una vida de contemplación monástica y devoción a Cristo. Fue ordenado sacerdote en el año 391 por la iglesia de Hipona Regia (actual Annaba, Argelia).

En el año 395, el anciano obispo de Hipona nombró a Agustín también como obispo. Allí ejercería el obispado hasta su muerte en 430.

Además de predicar, Agustín escribió numerosos tratados, que incluyen importantes obras teológicas (como *Sobre la Trinidad* y *La Ciudad de Dios*), e importantes obras polémicas contra movimientos heréticos como el maniqueísmo y el pelagianismo.

Para los cristianos que quieran saber más sobre la vida de Agustín, sus *Confesiones* relatan el testimonio de la gracia de Dios que lo salvó de una vida de pecado desenfrenado.

Es importante destacar que Agustín se convertiría en uno de los teólogos más influyentes de toda la historia de la Iglesia, especialmente en Occidente. Como se ha señalado anteriormente, sus escritos tuvieron un impacto significativo en los reformadores durante la Reforma Protestante del siglo XVI.

❖ **Para conversar.** La historia de la conversión de Agustín es ciertamente dramática. La realidad es que todo testimonio de la gracia de Dios es sorprendente. Teniendo esto en cuenta, ¿cómo explicarías la forma en que Dios te rescató del pecado y te atrajo hacia Él?

A. Agustín y la gracia

Agustín ha sido llamado ___«El doctor de la gracia»___ por su énfasis en la gracia de Dios en la salvación.

Este tema fue especialmente destacado en su respuesta a un falso maestro llamado Pelagio. Pelagio enseñaba que las personas nacen moralmente neutras; por tanto, son capaces de buscar a Dios y obtener la salvación por su propia voluntad y esfuerzo.

En respuesta, Agustín insistió en que las personas entran en este mundo con una naturaleza pecaminosa (Salmos 51:5); están espiritualmente muertas en sus pecados (Efesios 2:1-3). Por lo tanto, no pueden ganarse el favor de Dios con sus propios esfuerzos. Más bien, Él debe atraerlos hacia sí y salvarlos por su gracia. La gracia salvadora de Dios es algo que no se puede ganar por medio de los méritos personales o las buenas obras (Efesios 2:4-9).

Considera los siguientes extractos de los escritos de Agustín que destacan el tema de la gracia y la misericordia de Dios:

▸ Los pecadores no son justificados con base en su propio ___mérito___. Son salvados por ___gracia___:

> **Agustín:** «Concluimos que el hombre no se justifica por los preceptos de una vida santa, sino por la fe en Jesucristo; en una palabra, no por la ley de las obras, sino por la ley de la fe; no por la letra, sino por el espíritu; no por los méritos de las obras, sino por la libre gracia».[1]

> «Nadie merece la justificación por sus buenas obras, ya que si no ha sido justificado no puede hacer buenas obras. Sin embargo, Dios justifica a los gentiles por la fe».[2]

▸ Del mismo modo, los santos del Antiguo Testamento no se salvaron con base en sus buenas obras, sino a través de ___la fe en Cristo___:

> **Agustín:** «[Abraham] fue justificado no por su propio mérito, como si fuera por las obras, sino por la gracia de Dios a través de la fe».[3]

> [Hablando de los santos del Antiguo Testamento] «De cualquier virtud que puedas declarar que poseían los antiguos justos, nada los salvó sino la creencia en el Mediador que derramó su sangre para la remisión de sus pecados».[4]

▸ Como la salvación es por gracia y no por obras, hasta el peor de los pecadores puede salvarse:

> **Agustín:** «Pero ¿qué pasa con la persona que no hace ninguna obra? Piensa aquí en algún pecador impío, que no tiene buenas obras que mostrar. ¿Qué pasa con él o ella? ¿Qué pasa si esa persona llega a creer en Dios que justifica a los impíos?... Cuando alguien cree en el que justifica a los impíos, esa fe es considerada como justicia para el creyente, ya que también David declara dichosa a esa persona a la que Dios ha aceptado y dotado de justicia, independientemente de cualquier acción justa. ¿Qué justicia es esta? La justicia de la fe, no precedida de buenas obras, sino con buenas obras como consecuencia».[5]

> «Hay otro sentido en este verso, "Por nada los salvarás": sin que ninguno de sus méritos vaya delante de ti los salvarás… Todo en ellos es áspero, todo sucio, todo a ser detestado: y aunque no te traigan nada por lo que puedan salvarse; "por nada los salvarás", es decir, con el don gratuito de tu gracia».[6]

► El evangelio de la gracia impide que alguno se jacte de su salvación:

> **Agustín:** «Los que se jactan se imaginan que están justificados por sus propios esfuerzos, y por eso se glorían en sí mismos, no en el Señor».[7]

> «Ningún hombre puede decir que es por el mérito de sus propias obras, o por el mérito de sus propias oraciones, o por el mérito de su propia fe, que la gracia de Dios le ha sido conferida; ni suponer que es cierta la doctrina que sostienen esos herejes, de que la gracia de Dios se nos da en proporción a nuestro propio mérito».[8]

Agustín no siempre habló de la justificación con la coherencia y la claridad de los reformadores protestantes del siglo XVI.[9] Sin embargo, como demuestran los ejemplos anteriores, afirmó claramente la verdad de Efesios 2:8-10:

> **Efesios 2:8-10.** *Porque por gracia habéis sido salvados por medio de la fe, y esto no de vosotros, sino que es don de Dios; no por obras, para que nadie se gloríe. Porque somos hechura suya, creados en Cristo Jesús para hacer buenas obras, las cuales Dios preparó de antemano para que anduviéramos en ellas.*

❖ **Para conversar.** La «misericordia» se refiere a la retención de un castigo merecido. «Gracia» se refiere a la recepción de una bendición inmerecida. En la salvación, Dios nos extiende tanto la misericordia como la gracia. ¿Qué merecen los cristianos que no recibirán? ¿Qué recibirán que no merecen?

B. Agustín y la verdad

Además de enfatizar el hecho de que la salvación es solo por gracia, Agustín también declaró su lealtad y sumisión a la Palabra de verdad, la Biblia.

Agustín reconoció que, por provenir de Dios, la Escritura está libre de errores. Para decirlo de otra manera, Agustín afirmó que la Biblia es absolutamente verdadera:

> **Agustín:** «He aprendido a conceder este respeto y honor solo a los libros canónicos de la Escritura: solo de ellos creo firmemente que los autores estaban completamente libres de error».[10]

> «Las Escrituras son santas, son verdaderas, son irreprochables».[11]

> «Me parece que las consecuencias más desastrosas deben seguir a nuestra creencia de que algo falso se encuentra en los libros sagrados».[12]

Agustín no solo consideraba la Escritura como inerrante (sin error), sino también como absoluta en su autoridad. No hay autoridad más alta que la Palabra de Dios:

> **Agustín:** «Este Mediador, habiendo dicho lo que juzgó suficiente primero por los profetas, luego por sus propios labios, y después por los apóstoles, ha producido además la Escritura que se llama canónica, que tiene autoridad suprema, y a la que nos sometemos en todas las cuestiones que no debemos ignorar, y que sin embargo no podemos conocer por nosotros mismos».[13]

> «Por lo tanto, todo lo que está escrito en la Escritura debe ser creído absolutamente».[14]

En consecuencia, Agustín consideraba que la Biblia era una autoridad superior a todo lo que se había escrito, incluidos los escritos de los primeros Padres de la Iglesia.[15]

Agustín: «En los innumerables libros que se han escrito después [del cierre del canon] podemos encontrar a veces la misma verdad que en la Escritura, pero no hay la misma autoridad. La Escritura tiene un carácter sagrado propio».[16]

Reconociendo la autoridad de la Biblia, Agustín enseñó que cualquier disputa relacionada con la doctrina o la Iglesia debía resolverse apelando a la verdad de las Escrituras:

Agustín: «Que se quiten de en medio aquellas cosas que citamos unos contra otros no de los libros divinos canónicos, sino de otras partes. Alguien podría preguntar: ¿por qué quieres quitar estas cosas de en medio? Porque no quiero que la Santa Iglesia sea probada por documentos humanos, sino por oráculos divinos».[17]

«No escuchemos: Esto digo yo, esto dices tú; sino así dice el Señor. Ciertamente son los libros del Señor en cuya autoridad ambos estamos de acuerdo y en los que ambos creemos. Busquemos allí a la Iglesia, discutamos allí nuestro caso».[18]

Agustín entendía que incluso la autoridad de los concilios eclesiásticos, como el de Nicea, debía someterse a la autoridad de las Escrituras. Su comentario a un partidario del arrianismo lo deja claro:

Agustín: «No debo presionar la autoridad de Nicea contra ti, ni tú la de Ariminum contra mí; yo no reconozco la una, como tú no reconoces la otra; pero vayamos al terreno que es común a ambos, el testimonio de las Sagradas Escrituras».[19]

Es importante destacar que Agustín también consideraba que la Biblia era suficiente, es decir, que la Palabra de Dios revela la verdad necesaria para conocer la sana doctrina y vivir con rectitud (2 Timoteo 3:16-17):

Agustín: «Porque entre las cosas que están claramente establecidas en la Escritura se encuentran todos los asuntos que conciernen a la fe y al modo de vida».[20]

«¿Qué más os voy a enseñar que lo que leemos en el apóstol? Porque la Sagrada Escritura fija la regla de nuestra doctrina, para que no seamos más sabios de lo que debemos. Por lo tanto, que no me corresponda a mí enseñaros otra cosa que no sea exponeros las palabras del Maestro [divino], y tratarlas como el Señor me ha dado».[21]

Un milenio después de Agustín, los reformadores protestantes se unieron en torno a estas mismas convicciones: que la Palabra de Dios es inerrante, autoritativa y suficiente. Aunque los reformadores no estaban de acuerdo con Agustín en todos los matices teológicos, apreciaban mucho su énfasis en la naturaleza inmerecida de la gracia de Dios y la verdad autorizada de la Palabra de Dios.

❖ **Para conversar.** Lee 2 Timoteo 3:16-17. Estos versículos destacan la inspiración, la autoridad y la suficiencia de las Escrituras. ¿Qué significa que la Biblia es suficiente? ¿Cuáles son las implicaciones prácticas de esa realidad?

III. JUAN CRISÓSTOMO (CA. 347–407)

Juan nació en la ciudad de Antioquía, alrededor del año 347. De joven se formó en retórica y destacó en la oratoria.

En su celo por servir al Señor, Juan dejó Antioquía para vivir como monje en el desierto. Durante esos dos años, pasó la mayor parte del tiempo memorizando las Escrituras. Vivió en condiciones muy duras, con una alimentación y un descanso mínimos. Como resultado, su salud se resintió y tuvo que volver a la ciudad.

De vuelta a Antioquía, Juan comenzó a predicar en la iglesia principal. En sus *homilías* (o sermones), enseñaba a través del Nuevo Testamento repasando el texto versículo por versículo. Interpretaba la Biblia de forma literal y no alegórica, y se preocupaba por extraer las implicaciones prácticas del texto para sus oyentes.

El estilo y la sustancia de su predicación le hicieron muy popular entre la gente de Antioquía. El nombre «Crisóstomo» significa ______«boca de oro»______. De hecho, Juan Crisóstomo es uno de los predicadores más famosos de la historia de la Iglesia.

En el año 397, fue nombrado obispo de Constantinopla, tras ser nombrado por un amigo sin su conocimiento.

Constantinopla era la capital del Imperio romano de Oriente. Como Crisóstomo predicaba contra el alarde de riqueza, entró en conflicto con la emperatriz, que pensó que Juan se dirigía a ella en sus sermones.

Ese conflicto, entre otras cosas, hizo que Crisóstomo fuera exiliado de Constantinopla. Murió en el año 407, mientras estaba en el exilio.

❖ **Para conversar.** Como cristiano, Crisóstomo se comprometió a meditar y memorizar grandes porciones de la Biblia. Lee el Salmo 119:11, 105. ¿Por qué es importante que los creyentes guarden la Palabra de Dios en sus corazones?

A. Crisóstomo y la gracia

Debido a que Juan estaba tan cuidadosamente atado al texto bíblico, su predicación en muchos lugares afirma que la salvación es por gracia a través de la fe solamente.

Para los siguientes ejemplos, busca el pasaje del Nuevo Testamento que comenta Juan Crisóstomo. A continuación, al leer el comentario de Crisóstomo, fíjate en el énfasis que pone en la salvación por la gracia mediante la fe, al margen de las obras.

1. **Crisóstomo sobre Romanos 3:27:** «Pero ¿qué es la "ley de la fe"? Es el ser salvado por la gracia. Aquí muestra el poder de Dios, en que no solo ha salvado, sino que incluso ha justificado, y los ha llevado a ostentarla, y esto también sin necesidad de obras, sino buscando solo la fe».[22]

2. **Crisóstomo sobre Romanos 5:2:** «Si entonces nos acercó a Él, cuando estábamos lejos, mucho más nos guardará ahora que estamos cerca. Y te ruego que consideres cómo Él en todas partes establece estos dos puntos: su parte, y nuestra parte. Por su parte, sin embargo, hay cosas variadas, numerosas y diversas. Porque Él murió por nosotros, y además nos reconcilió, y nos trajo a sí mismo, y nos dio una gracia indecible. Pero nosotros solo aportamos la fe».[23]

3. **Crisóstomo sobre Efesios 2:8:** «Incluso la fe, dice [Pablo], no procede de nosotros. Porque si el Señor no hubiera venido, si no nos hubiera llamado, ¿cómo podríamos creer? Porque dice [Pablo] "¿cómo van a creer si no han oído?" (Romanos 10:14). Por tanto, ni siquiera el acto de fe es iniciado por uno mismo. Es, dice, "el don de Dios"».[24]

4. **Crisóstomo sobre Colosenses 1:26-28:** «Haber llevado a la humanidad, más insensible que las piedras, a la dignidad de los ángeles, simplemente con palabras y con fe, sin ningún trabajo duro, es en verdad un misterio rico y glorioso. Es como si se tomara un perro, completamente consumido por el hambre y la sarna, asqueroso y repugnante de ver, y ni siquiera capaz de moverse, sino que yace desmayado, y se le convirtiera de golpe en un ser humano y se le exhibiera en el trono real».[25]

5. Crisóstomo sobre 1 Timoteo 1:15-16: «Pues como la gente, al recibir algún gran bien, se pregunta si no es un sueño, como para no creerlo; así sucede con los dones de Dios. ¿Qué fue, pues, lo que se creyó increíble? Que los que eran enemigos y pecadores, no justificados ni por la ley ni por las obras, fueran inmediatamente, por la sola fe, promovidos al más alto favor… les resulta increíble que una persona que ha malgastado toda su vida anterior en acciones vanas y perversas se salve después por su sola fe. Por eso dice [Pablo]: "Palabra fiel y digna de ser aceptada por todos"».[26]

En estos fragmentos, Crisóstomo expresa claramente la verdad del evangelio de la gracia. Su claridad se debe al hecho de que miraba a la Palabra de Dios e interpretaba su verdad de forma directa.

Para los cristianos de hoy, nuestra comprensión del evangelio también debe basarse en el texto de la Palabra de Dios.

B. Crisóstomo y la verdad

Al igual que Agustín, Crisóstomo afirmó que la Palabra de Dios no tiene errores. Al comentar Juan 17:17, dijo:

> **Crisóstomo:** «"Tu palabra es la verdad", es decir, "no hay falsedad en ella, y todo lo que se dice en ella debe suceder"».[27]

Crisóstomo también afirmó la autoridad de la Escritura al señalar que todos los argumentos deben apoyarse en la Palabra de Dios:

> **Crisóstomo:** «Estas son, pues, las razones; pero es necesario establecerlas todas a partir de las Escrituras, y mostrar con exactitud que todo lo que se ha dicho sobre este tema no es una invención del razonamiento humano, sino la propia sentencia de las Escrituras. Porque así lo que decimos será a la vez más digno de crédito, y se hundirá más profundamente en vuestras mentes».[28]

Asimismo, afirmó la suficiencia de las Escrituras. Al comentar 2 Timoteo 3:16-17, declara:

> **Crisóstomo:** «Porque esta es la exhortación de la Escritura dada, para que el hombre de Dios se perfeccione por ella; sin esto, por tanto, no puede ser perfecto. Tienes las Escrituras, dice, en lugar de mí. Si quieres aprender algo, puedes aprenderlo de ellas. Y si así escribió a Timoteo, que estaba lleno del Espíritu, ¡cuánto más a nosotros!».[29]

Un punto importante que añadir sobre Crisóstomo tiene que ver con su método de interpretación de la Biblia. En lugar de tratar los relatos bíblicos como alegorías, como hizo Orígenes, Crisóstomo tomó las Escrituras al pie de la letra. La interpretó de forma literal.

> **Crisóstomo:** «Porque debemos desentrañar el pasaje dando primero una clara interpretación de las palabras. ¿Qué significa entonces el dicho?... No debemos atender solo a las palabras, sino dirigir nuestra atención al sentido, y aprender el objetivo del orador, y la causa y la ocasión, y poniendo todas estas cosas juntas descubrir el significado oculto».[30]

Como explica Crisóstomo, la correcta interpretación de la Biblia implica una clara comprensión de lo que significa el pasaje. Un buen estudio bíblico implica fijarse en detalles como las _____palabras_____, el flujo del argumento _____en su contexto_____ (el sentido), la _____intención_____ del autor (el objetivo del orador), y el _____entorno histórico_____ (la causa y la ocasión).

Es alentador ver que un notable predicador de la historia practicaba estos principios ya en el siglo IV.

❖ **Para conversar.** En la lección 4 aprendimos sobre el enfoque alegórico de Orígenes para la interpretación de la Biblia. ¿En qué se diferencia el enfoque de Crisóstomo? ¿Por qué es una mejor manera de abordar el estudio de la Palabra de Dios?

IV. EN RESUMEN

Se podría decir mucho más sobre Agustín y Crisóstomo, por no hablar de otros líderes del período posniceno.

El objetivo de esta lección es destacar el compromiso expresado por estos primeros líderes cristianos con (a) el evangelio de la gracia, y (b) la Palabra de la verdad.

Como se ha señalado, estas convicciones resonaron en los reformadores protestantes del siglo XVI.

Para los reformadores, el evangelio de la gracia se expresaba así: los pecadores son justificados por la «sola gracia» a través de la «sola fe» en la persona y la obra de «solo Cristo».

Su compromiso con la autoridad y la suficiencia de las Escrituras se capta de manera similar en la frase «solo las Escrituras». Exploraremos estos temas con más detalle en la lección 10.

Los cristianos evangélicos pueden regocijarse al ver un claro testimonio de estas verdades fundamentales de dos de las principales voces de la historia de la Iglesia, que se remontan a los siglos IV y V.

❖ **Para conversar.** ¿Qué pasaría si la Iglesia (a) ignorara la autoridad de la Palabra de Dios?, ¿o (b) perdiera de vista el verdadero evangelio? ¿Qué pueden hacer los cristianos para salvaguardar estas doctrinas fundamentales?

PARTE III

LA
EDAD MEDIA

(SIGLOS VI–XV)

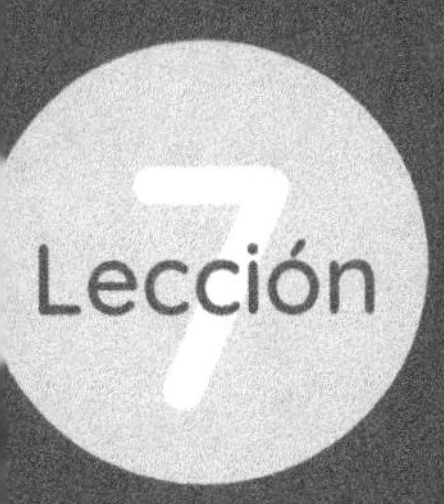

CONTROVERSIAS Y CONCILIOS

Debates doctrinales en la época patrística tardía y la Edad Media temprana

PASAJE CLAVE: 2 Juan 9

Todo el que se desvía y no permanece en la enseñanza de Cristo, no tiene a Dios; el que permanece en la enseñanza tiene tanto al Padre como al Hijo.

325	431	553	787
Concilio de Nicea	**Concilio de Éfeso**	**Concilio de Constantinopla II**	**Concilio de Nicea II**

381	451	680/681
Concilio de Constantinopla	**Concilio de Calcedonia**	**Concilio de Constantinopla III**

I. CONTENDIENDO POR LA VERDAD

El Nuevo Testamento predice la llegada de falsos maestros, que buscan socavar la verdad y distorsionar la sana doctrina desde dentro de la Iglesia.

En **Mateo 7:15,** Jesús advirtió: *Cuidaos de los falsos profetas, que vienen a vosotros con vestidos de ovejas, pero por dentro son lobos rapaces.*

En **Hechos 20:28-31,** el apóstol Pablo dio instrucciones similares a los ancianos de Éfeso: *Tened cuidado de vosotros y de toda la grey, en medio de la cual el Espíritu Santo os ha hecho obispos para pastorear la iglesia de Dios, la cual Él compró con su propia sangre. Sé que después de mi partida, vendrán lobos feroces entre vosotros que no perdonarán el rebaño [...] hablando cosas perversas para arrastrar a los discípulos tras ellos. Por tanto, estad alerta...*

Pedro se lo dijo a sus lectores en **2 Pedro 2:1:** *Pero se levantaron falsos profetas entre el pueblo, así como habrá también falsos maestros entre vosotros, los cuales encubiertamente introducirán herejías destructoras, negando incluso al Señor que los compró, trayendo sobre sí una destrucción repentina.*

En **2 Juan 7,** el apóstol Juan explicó que: *Muchos engañadores han salido al mundo que no confiesan que Jesucristo ha venido en carne. Ese es el engañador y el anticristo.*

Y **Judas 4,** advierte sobre: *Algunos hombres [que] se han infiltrado encubiertamente, los cuales desde mucho antes estaban marcados para esta condenación, impíos que convierten la gracia de nuestro Dios en libertinaje, y niegan a nuestro único Soberano y Señor, Jesucristo.*

Cuando surgieron errores en los primeros siglos de la historia de la Iglesia, la verdadera Iglesia respondió defendiendo lo que la Escritura enseña y articulando claramente la verdad frente a los ataques heréticos.

Después de que el emperador Constantino trajera la paz a los cristianos que vivían en el Imperio romano (a principios del siglo IV), los líderes de la Iglesia pudieron abordar las principales herejías de su época organizando ______sínodos______ y ______concilios______.

Los mayores de estos concilios fueron organizados por los propios emperadores y en ellos participaron líderes eclesiásticos de todo el mundo romano. Estos concilios se conocen como concilios ______«ecuménicos»______, debido a que incluían a todas las iglesias del Imperio.

En la historia de la Iglesia se reconocen generalmente siete concilios ecuménicos. Las cuestiones teológicas centrales abordadas en estos siete concilios se enfocaron en la persona de Jesucristo.

En esta lección centraremos la atención en los tres más importantes de estos siete concilios: el Concilio de Nicea en el 325, el Primer Concilio de Constantinopla en el 381 y el Concilio de Calcedonia en el 451. Los otros cuatro concilios se resumirán brevemente al final.

❖ **Para conversar.** Lee 2 Juan 7-11. En este pasaje, ¿cuál era el principal tema doctrinal que los falsos maestros estaban distorsionando? ¿Por qué es tan importante asegurarse de que tenemos una comprensión exacta de la persona de Jesucristo?

II. EL CONCILIO DE NICEA (325)

Cuestión clave: ___La deidad de Cristo___.

En contexto:

► Véase la lección anterior acerca de Atanasio para identificar el contexto completo.

► Cerca de 320 obispos se reunieron en Nicea, por invitación del emperador Constantino. El Concilio de Nicea duró más de ___40___ días.

► Además de tratar la cuestión doctrinal de la deidad de Cristo, también abordó la fecha de celebración del ___domingo de resurrección (Pascua)___.

Posicionamentos:

► Hetero-ousios («De una sustancia diferente»). Este era el punto de vista de Arrio. Como se señaló en la lección 5, Arrio enseñó que Jesucristo, el Hijo de Dios, era un ser creado. Por lo tanto, argumentaba que Jesús era de una sustancia o esencia diferente a la de Dios el Padre. Sobre esta base, Arrio sostenía que Cristo no era igual en autoridad o deidad al Padre. En pocas palabras, Arrio negaba que Jesús fuera Dios, enseñando en cambio que era una criatura.

► Homo-ousios («De la misma sustancia»). En contraste con Arrio, Alejandro y Atanasio insistieron en que Jesucristo no era un ser creado. Más bien, Él es el Hijo eterno de Dios que es coigual al Padre. Como Dios Hijo es eterno, al igual que el Padre, es de la misma sustancia o esencia que el Padre. En otras palabras, Alejandro y Atanasio afirmaron que Jesús es Dios, enseñando que no es una criatura, sino el Creador no creado.

► Homoi-ousios («De una sustancia similar»). Cuando la posición original de Arrio (hetero-ousios) fue rechazada, se presentó una versión modificada. Esta sugería que el Hijo de Dios era de una «sustancia similar» al Padre. Arrio y sus partidarios cambiaron a esta posición, utilizando el lenguaje de la «sustancia similar» para minimizar las diferencias que decían que existían entre el Padre y el Hijo. Alejandro y Atanasio se negaron a aceptar esta posición porque entendían correctamente que «similar» sigue significando «diferente».

En conclusión:

► Las opiniones de Arrio fueron rechazadas por el Concilio. El Credo de Nicea, que fue adoptado por el Concilio, defendía la verdad de que Dios Hijo es coeterno, coesencial e igual a Dios Padre.

▶ Aquí está la parte principal del Credo de Nicea:

El Credo Niceno: «Creo en un solo Dios Padre Todopoderoso; Creador del cielo y de
la tierra, y de todas las cosas visibles e invisibles; y en un solo Señor Jesucristo, Hijo
Unigénito de Dios, engendrado del Padre antes de todos los siglos, Dios de Dios, Luz de
Luz, verdadero Dios de Dios verdadero, engendrado, no hecho, consubstancial con el Padre;
por el cual todas las cosas fueron hechas; el cual, por amor a nosotros y por nuestra salud
descendió del cielo, y tomando nuestra carne de la virgen María, por el Espíritu Santo, fue
hecho hombre, y fue crucificado por nosotros bajo el poder de Poncio Pilatos, padeció, y fue
sepultado; y al tercer día resucitó según las Escrituras, subió a los cielos y está sentado a la
diestra de Dios Padre. Y vendrá otra vez con gloria a juzgar a los vivos y a los muertos; y su
reino no tendrá fin. Y creo en el Espíritu Santo».[1]

▶ El Credo continúa señalando que la Iglesia «católica» afirma esta verdad. Es importante explicar que, en
este momento de la historia, el término «católico» simplemente significaba «universal». No se refería a la
posterior Iglesia católica romana.

▶ El Credo se centra en la deidad de Cristo, porque esa era la cuestión principal. Aunque afirma la creencia
en el Espíritu Santo, no explica la doctrina del Espíritu Santo con detalle.

❖ **Para conversar.** Lee Juan 1:1, 5:18 y 8:58-59. ¿Cómo deberían esos versículos conformar nuestra reflexión
sobre el Concilio de Nicea? ¿Qué enseñan esos pasajes sobre la igualdad (con el Padre) y la eternidad de
Dios Hijo?

III. EL PRIMER CONCILIO DE CONSTANTINOPLA (381)

Cuestiones clave: <u>La deidad y la humanidad de Cristo</u>

<u>La deidad del Espíritu Santo</u>

En contexto:

▶ A pesar del Credo Niceno, las falsas enseñanzas de Arrio siguieron siendo muy populares en el Imperio
romano. El punto de vista del *homoi-ousios* (que el Hijo de Dios es de una sustancia «similar», pero aun así
diferente al Padre) era particularmente popular.

▶ Atanasio, junto con otros líderes eclesiásticos como Basilio de Cesarea (ca. 329–379), Gregorio de Nisa
(ca. 335–395) y Gregorio de Nacianzo (ca. 329–390), continuaron defendiendo la doctrina de la igualdad
de Cristo con el Padre.

▶ Al rechazar la doctrina de la Trinidad, los seguidores de Arrio también negaban la deidad del Espíritu Santo.
Los defensores de este punto de vista eran conocidos como los *pneumatómacos,* que significa «combatientes
contra el Espíritu». Basilio de Cesarea refutó sus opiniones en su obra *Acerca del Espíritu Santo.*

▶ También surgió una nueva herejía sobre Cristo llamada apolinarismo. El creador de este punto de vista
(Apolinar de Laodicea) enseñaba que, aunque Jesús poseía un cuerpo humano, no tenía un espíritu/alma
humana. En cambio, su cuerpo físico era como un cascarón ocupado por una mente divina.

▶ Estas cuestiones motivaron al emperador Teodosio I (fallecido en 395) a convocar un concilio en
Constantinopla en el año 381. El concilio duró tres meses.

Posicionamientos:

- ______________Arrianismo______________. Los defensores de la posición arriana sostenían una visión «homoi-ousios» de la naturaleza de Jesús. Sostenían que, aunque el Hijo de Dios poseía una «naturaleza similar» a la de Dios Padre, no poseía la «misma naturaleza». Llegaron a esta conclusión porque negaban la eternidad del Hijo, argumentando en cambio que era un ser creado.

- ______________Apolinarismo______________. Aunque Apolinar afirmaba la deidad de Cristo, no aceptaba su plena humanidad. En cambio, veía el cuerpo humano de Jesús como la envoltura física en la que habitaba su mente divina. Su deidad era como una carta colocada dentro del sobre de su humanidad. Así, Apolinar negaba que Jesús poseyera un alma humana.

- ______________Trinitarianismo______________. La posición ortodoxa insistía en que el Cristo encarnado es a la vez verdaderamente Dios y verdaderamente hombre. Por lo tanto, Él poseía tanto una naturaleza divina completa como una naturaleza humana completa. Además, con respecto al Espíritu Santo, la posición ortodoxa afirmaba la plena deidad del Espíritu de Dios. La Trinidad consiste en tres Personas coiguales: Padre, Hijo y Espíritu Santo.

En conclusión:

- El Concilio afirmó el Credo de Nicea.

- Tanto el arrianismo como el apolinarismo fueron denunciados como posiciones heréticas. Con ello, el Concilio de Nicea afirmó la creencia tanto en la plena deidad como en la plena humanidad de Cristo.

- En un esfuerzo por defender la deidad del Espíritu Santo, el concilio amplió el Credo de Nicea para ser explícito en su afirmación del Espíritu Santo como tercera persona de la Trinidad.

- Aquí está la sección ampliada sobre el Espíritu Santo que este concilio añadió al Credo de Nicea:

  Sección ampliada del Credo Niceno-Constantinopolitano: «Creemos en el Espíritu Santo, Señor y Dador de Vida, que procede del Padre [y del Hijo], que debe ser adorado y glorificado con el Padre y el Hijo, y que habló por los profetas».[2]

- La frase «y el Hijo» se incluye entre corchetes porque no formaba parte de la versión original en griego del Credo Niceno. En su lugar, fue añadida posteriormente por la iglesia occidental a la versión en latín del Credo. Esta adición eventualmente generó controversia entre la mitad oriental y occidental de la iglesia romana.

❖ **Para conversar.** El apolinarismo negó la plena (o verdadera) humanidad de Cristo. Lee Hebreos 4:14-16. ¿Por qué es tan importante que nuestro Mediador sea verdaderamente humano? Lee también Romanos 5:12-21.

IV. EL CONCILIO DE CALCEDONIA (451)

Cuestión clave: ______Las dos naturalezas de Cristo (su deidad y su humanidad)______.

En contexto:

- El Concilio de Constantinopla había afirmado la verdadera deidad y la verdadera humanidad de Jesucristo. El Hijo eterno de Dios, el Segundo Miembro de la Trinidad, tomó carne y se hizo hombre en su encarnación (Filipenses 2:6-7).

▶ Pero quedaban dudas sobre cómo se relacionaban esas dos naturalezas (la divina y la humana) en la persona de Jesucristo. Esta cuestión se abordaría en el Concilio de Calcedonia.

▶ El emperador Marciano convocó el concilio. Él había denunciado un concilio anterior reunido en Éfeso en el año 449 como ilegítimo. El Concilio de Calcedonia fue convocado para anularlo.

▶ Asistieron unos 370 obispos. León I (obispo de Roma entre 440 y 461) no pudo asistir, pero envió una carta (llamada su *Tomo*) para ser leída en el Concilio. El contenido del *Tomo* de León fue aprobado por el Concilio de Calcedonia como articulación de la posición ortodoxa.

Posicionamientos:

▶ _______Nestorianismo_______. Este punto de vista dividía las dos naturalezas de Cristo, poniendo un muro de separación entre ellas hasta el punto de que se le veía como dos personas. Se discute si Nestorio (arzobispo de Constantinopla entre 428 y 431) sostuvo realmente el punto de vista asociado a su nombre. En resumen, el nestorianismo afirmaba que Cristo poseía dos naturalezas y, por tanto, era dos personas.

▶ _______Eutiquianismo_______. En respuesta al nestorianismo, Eutiques enfatizó que Jesucristo era una sola persona con una sola naturaleza divina. La naturaleza humana fue eclipsada por la naturaleza divina, o mezclada junto con la divina, resultando en una naturaleza híbrida. En resumen, el eutiquianismo sostenía que Cristo era una sola persona y, por tanto, poseía una sola naturaleza.

▶ _______Unión hipostática_______. León articuló una posición que evitaba los errores tanto del nestorianismo como del eutiquianismo. Afirmó que Cristo, en su encarnación, posee dos naturalezas (divina y humana). Si Jesús es verdaderamente Dios y verdaderamente hombre, la integridad de cada naturaleza debe ser preservada. Pero, al mismo tiempo, León también afirmó que Cristo es una sola persona. Al hacerse hombre, Jesús no se convirtió en múltiples personas. En resumen, la posición de León afirmaba que Cristo es una sola persona que posee dos naturalezas.

En conclusión:

▶ La posición de León fue confirmada por el Concilio de Calcedonia como bíblica y la posición histórica de la Iglesia.

▶ Los escritos de Eutiques y sus seguidores fueron condenados.

▶ El concilio elaboró un credo para articular la posición ortodoxa:

> **Credo de Calcedonia:** «Siguiendo a los santos Padres, enseñamos y confesamos unánimemente a un mismo Hijo, nuestro Señor Jesucristo: el mismo perfecto en la divinidad y perfecto en la humanidad, el mismo verdaderamente Dios y verdaderamente hombre, compuesto de alma y cuerpo racionales; consustancial con el Padre en cuanto a su divinidad y consustancial con nosotros en cuanto a su humanidad; "como nosotros en todo menos en el pecado". Fue engendrado del Padre antes de todos los siglos en cuanto a su divinidad y en estos últimos días, por nosotros y por nuestra salvación, nació en cuanto a su humanidad de la virgen María, la portadora de Dios.
> Confesamos que un mismo Cristo, Señor e Hijo unigénito, debe ser reconocido en dos naturalezas sin confusión, cambio, división o separación. La distinción entre las naturalezas nunca fue abolida por su unión, sino que se conservó el carácter propio de cada una de las dos naturalezas al reunirse en una sola persona y una sola hipóstasis (o sustancia)».[3]

▶ La referencia a María como «portadora de Dios» fue un título afirmado por el Concilio de Éfeso en 431. Para más información sobre ese Concilio, véase la discusión más adelante.

▶ La línea que dice que Jesús poseía «dos naturalezas sin confusión, cambio, división o separación» es una respuesta tanto al eutiquianismo como al nestorianismo.

▶ En contraste con el eutiquianismo, el Credo explica que Cristo posee dos naturalezas sin confusión ni cambio.

▶ Contra el nestorianismo, Calcedonia enseña además que Cristo posee la verdadera deidad y la verdadera humanidad sin división ni separación.

▶ Estas cuatro vallas de la ortodoxia («sin confusión, cambio, división o separación») proporcionan barandillas para articular el misterio de la encarnación de Cristo sin caer en la herejía.

❖ **Para conversar.** ¿Por qué es importante afirmar tanto la verdadera deidad como la verdadera humanidad de Jesucristo? Si Jesús no fuera totalmente Dios ni totalmente hombre, ¿qué significaría eso para nosotros, como personas pecadoras que necesitan reconciliarse con un Dios santo?

V. LOS OTROS CUATRO CONCILIOS ECUMÉNICOS

__________ El Concilio de Éfeso __________ **(431).** En este Concilio la Iglesia buscó proteger la doctrina de la deidad de Cristo, incluso en su encarnación. En consecuencia, afirmaron que un título apropiado para María es el término *theotokos,* que significa «portadora de Dios». El propósito de este título no era elevar a María, sino salvaguardar la deidad de Cristo. En la encarnación, Dios Hijo se encarnó y se hizo humano. Cuando María dio a luz a Jesús, el bebé en el pesebre era Dios encarnado.

__________ El Segundo Concilio de Constantinopla __________ **(553).** En Oriente, incluso después del Concilio de Calcedonia, seguía habiendo un número importante de personas que rechazaban la unión hipostática; insistían, en cambio, en que Cristo poseía una sola naturaleza. Los defensores de este punto de vista fueron llamados *monofisitas* (*mono* significa «uno» y *fisis* significa «naturaleza»). El emperador Justiniano convocó un concilio para tratar la controversia sobre esta cuestión.

El concilio afirmó el Concilio de Calcedonia; pero también condenó los escritos de tres teólogos anteriores que habían estado asociados con Nestorio. Al condenar a estos teólogos anteriores, Justiniano esperaba mejorar las relaciones con los monofisitas.

__________ El Tercer Concilio de Constantinopla __________ **(680).** La cuestión principal que se respondió en este concilio fue si Cristo poseía una voluntad o dos voluntades. De acuerdo con la enseñanza de la Iglesia de que Cristo posee dos naturalezas, el Concilio afirmó que también posee dos voluntades (divina y humana). El concilio tuvo cuidado de aclarar que la voluntad humana de Cristo está siempre en perfecta sumisión y conformidad con su voluntad divina.

__________ El Segundo Concilio de Nicea __________ **(787).**). En los siglos VII y VIII estalló un gran debate en Oriente sobre la veneración de los íconos (o imágenes) de Jesús y los santos. A algunos emperadores les preocupaba que los íconos de Jesús, en particular, violaran el segundo mandamiento (Éxodo 20:4) y, por tanto, constituyeran idolatría. En el año 754 un concilio se reunió en Hieria para condenar los íconos. Pero sus decisiones fueron anuladas en el 787 por el Segundo Concilio de Nicea, que afirmó que los íconos eran ortodoxos. Los que apoyaban el uso de íconos argumentaban que los íconos de Jesús no violan el segundo mandamiento porque Cristo es la imagen del Dios invisible (Colosenses 1:15; Hebreos 1:3).

VI. EVALUACIÓN DE LOS CONCILIOS Y CREDOS

Los siete concilios mencionados anteriormente se consideran «ecuménicos» porque incluyeron representantes de las mitades oriental y occidental de la iglesia romana. Por ello, son aceptados tanto en la ortodoxia oriental como en el catolicismo romano.

Los grupos protestantes han tenido generalmente opiniones variadas sobre qué concilios aceptar. Muchos evangélicos, por ejemplo, no aceptarían el Segundo Concilio de Nicea (787). Ese concilio, con su aprobación de la veneración de los íconos, es especialmente problemático para los evangélicos, quienes consideran con razón que esas prácticas compiten con la pureza de la adoración que Dios exige.

Al aprender sobre los concilios de la Iglesia y los credos históricos, es importante recordar un principio simple: la Palabra de Dios es nuestra autoridad sobre la historia y la tradición de la Iglesia. Esto significa que la decisión de un concilio eclesiástico es válida solo en la medida en que esté de acuerdo con lo que enseña la Palabra de Dios.

Como los nobles bereanos (Hechos 17:11), los creyentes deben acudir a las Escrituras para evaluar las enseñanzas y tradiciones de los hombres. Pablo dijo a los tesalonicenses: *Examinadlo todo cuidadosamente, retened lo bueno; absteneos de toda forma de mal* (1 Tesalonicenses 5:21-22).

Debemos estar agradecidos por los concilios históricos que afirman verdades bíblicas claras, como la deidad de Cristo. Pero también debemos recordar que la autoridad de lo que creemos no se encuentra en los concilios de la historia de la Iglesia, sino en la verdad de la Palabra de Dios.

❖ **Para conversar.** Lee Marcos 7:6-13. ¿Qué enseña este pasaje sobre la prioridad de la Escritura sobre la tradición religiosa? ¿Cómo se aplica ese principio a la autoridad de la Palabra de Dios en relación con los concilios de la Iglesia?

CISMAS, ERUDITOS Y SOLDADOS

Anselmo, Bernardo y las Cruzadas

PASAJE CLAVE: 2 Timoteo 3:13–15

Pero los hombres malos e impostores irán de mal en peor, engañando y siendo engañados. Tú, sin embargo, persiste en las cosas que has aprendido y de las cuales te convenciste, sabiendo de quiénes las has aprendido; y que desde la niñez has sabido las Sagradas Escrituras, las cuales te pueden dar la sabiduría que lleva a la salvación mediante la fe en Cristo Jesús.

1033	1090	1109	1153	1204
Nacimiento de Anselmo	**Nacimiento de Bernardo**	**Muerte de Anselmo**	**Muerte de Bernardo**	**Cuarta Cruzada**

1054	1095	1147	1187
Cisma de Oriente y Occidente	**Primera Cruzada**	**Segunda Cruzada**	**Tercera Cruzada**

I. EL ESCENARIO: LA EDAD MEDIA TEMPRANA

En el siglo V (400) las cosas cambiaron drásticamente para la mitad occidental del Imperio romano, que fue invadida por grupos tribales germánicos (como los vándalos, godos, hunos y sajones). En el año 476 el Imperio romano de Occidente había caído.

En los siglos siguientes, esos grupos tribales acabaron formando las naciones de Europa. Pero este proceso de transformación social llevó mucho tiempo.

En consecuencia, el desarrollo teológico y la erudición fueron menores en Occidente durante la Edad Media temprana. Desde el siglo VI hasta el X, la erudición teológica se conservó en gran medida en los monasterios.

En el siglo VI (500) el Imperio romano de Oriente (también llamado Imperio bizantino) intentó recuperar los territorios de Occidente que había perdido. Por ejemplo, las hazañas militares del emperador Justiniano el Grande (483–565) fueron inicialmente exitosas.

En el siglo VII (600) surgió un inesperado movimiento religioso en Arabia bajo el liderazgo de Muhammad (570–632). Los ejércitos islámicos conquistaron rápidamente tierras en el norte de África y el Medio Oriente, que estaban bajo el control bizantino. Jerusalén cayó en el año 637. En menos de cien años después de la muerte de Mahoma, grandes porciones del antiguo Imperio romano estaban bajo el control musulmán.

A pesar de las importantes pérdidas sufridas a manos de los ejércitos musulmanes, el Imperio bizantino sobrevivió hasta que Constantinopla fue finalmente derrotada por los turcos en el siglo XV.

Durante la Edad Media Temprana, la iglesia occidental envió misioneros a los grupos tribales germánicos y muchos de ellos se convirtieron al cristianismo. Por ejemplo, en el año 600, un misionero llamado Agustín de Canterbury fue enviado a Gran Bretaña para evangelizar a los anglos y sajones. Unos años antes, una poderosa tribu conocida como los francos se había convertido al cristianismo. Estos grupos tribales dieron su lealtad al obispo de Roma.

La ciudad de Roma era el centro cristiano más importante de Occidente. Otros centros importantes (Constantinopla, Antioquía, Alejandría y Jerusalén) estaban situadas en el este. Debido a que ninguna otra ciudad en el oeste rivalizaba con la autoridad de Roma, el prestigio y el poder del papado (el obispado de Roma) se elevaba continuamente.

A finales del siglo VIII, apareció un documento conocido como «La donación de Constantino». Más tarde se demostró que era una falsificación. El documento afirmaba que, antes de su muerte en el año 337, el emperador Constantino legó la ciudad de Roma al obispo de Roma. Desde el siglo VIII hasta el XIII, los papas utilizaron «La donación de Constantino» para afirmar su autoridad religiosa y política sobre Roma y sus alrededores.

En lo militar, los papas mantuvieron una buena relación con grupos tribales como los francos. Esto condujo a la creación del Sacro Imperio Romano, cuando Carlomagno (rey de los francos) fue coronado «emperador de los romanos» por el papa León III en la Navidad del año 800.

Los siglos IX y X fueron un período de importante corrupción para los papas de Roma. El papado fue disputado por grupos rivales de Roma que lo reconocían como una posición de gran poder político.

❖ **Para conversar.** Examina el pasaje clave al principio de esta lección (2 Timoteo 3:13-15). La historia de la Iglesia ofrece un registro de líderes corruptos que van de mal en peor. ¿Qué antídoto le dio Pablo a Timoteo para evitar ese tipo de corrupción? Lee los versículos 16-17. ¿Dónde podemos acudir para asegurarnos de que estamos caminando de una manera que honra al Señor?

II. CISMA: LA DIVISIÓN ENTRE ORIENTE Y OCCIDENTE

Al entrar en la Edad Media Temprana (siglos XI–XIII), las tensiones siguieron aumentando entre las mitades oriental y occidental de la cristiandad romana. Una serie de factores contribuyeron a esta tensa relación, entre ellos:

► Diferencias culturales y políticas: Parte del distanciamiento entre Oriente y Occidente se debió a las diferencias políticas, culturales y lingüísticas. La iglesia oriental hablaba griego y formaba parte del Imperio bizantino. La iglesia occidental hablaba latín y estaba conectada políticamente con potencias europeas como los francos.

► «La cláusula del Filioque». En 1014, la iglesia occidental insertó la frase «y del Hijo» en la versión latina del Credo Niceno ampliado (que data del Concilio de Constantinopla en 381). El Credo Latino editado enseñaba que el Espíritu Santo procede del Padre y del Hijo. En latín, esta frase es filioque. La iglesia oriental se opuso a la idea de que la iglesia occidental pudiera cambiar unilateralmente uno de los credos históricos.

► Primacía papal. En Oriente, la iglesia consideraba a los obispos de Roma y Constantinopla como iguales. Sin embargo, el papa León IX consideraba que el obispo de Roma tenía la primacía sobre los obispos de Constantinopla, Antioquía, Alejandría y Jerusalén. León IX envió una delegación (dirigida por el cardenal Humberto) a Constantinopla en 1054. Cuando el Patriarca de Constantinopla se negó a conceder una audiencia a la delegación, Humberto emitió una bula papal excomulgando al patriarca. En respuesta, el patriarca excomulgó a la delegación papal.

Estos acontecimientos culminaron con la división de las dos mitades de la cristiandad romana. La iglesia oriental pasó a ser conocida como ortodoxia oriental; la occidental, como catolicismo romano.

Acontecimientos posteriores, como la Cuarta Cruzada de 1204, agudizarían la ruptura entre las iglesias griega (oriental) y latina (occidental).

❖ **Para conversar.** Busca varios de los siguientes pasajes: Hechos 2:33; Romanos 8:9; Gálatas 4:6; Filipenses 1:19; 1 Pedro 1:11. ¿Qué enseñan estos pasajes sobre la relación del Espíritu Santo con Cristo? ¿Cómo se relacionan estos versículos con la controversia sobre el filioque de la que hablamos anteriormente?

III. ALTERCADOS: LAS CRUZADAS (1095–1291)

Cinco décadas después del cisma de Oriente y Occidente, cuando los ejércitos musulmanes volvieron a amenazar al Imperio bizantino, el emperador oriental pidió ayuda militar a Occidente.

En respuesta, el papa Urbano II convocó una cruzada. En total, habría siete grandes cruzadas en los dos siglos posteriores.

Durante los siguientes doscientos años, los ejércitos «cristianos» de Europa se dedicaron a lo que decían que era la «guerra santa».

► Los pasajes del Antiguo Testamento que instruyen a Israel a luchar contra sus enemigos fueron reinterpretados para la Iglesia. Los pasajes del Nuevo Testamento en los que se utilizan metáforas militares, como Efesios 6:10-18, fueron reinterpretados en términos literales. Este enfoque erróneo de la interpretación tergiversó el significado de las Escrituras con fines políticos.

► La teoría de la «guerra justa» se remonta a Agustín. Sostenía que el conflicto militar era justificable cuando estaba autorizado por una autoridad legítima y cuando tenía una causa justa, como la autodefensa o la defensa de otros contra el mal. Para quienes las promovían, las Cruzadas estaban justificadas porque estaban sancionadas por el papa, y se libraban para defender tanto a los peregrinos cristianos que viajaban a Tierra Santa, como a los pueblos del Imperio bizantino que habían pedido ayuda.

► Lamentablemente, las Cruzadas incluyeron atrocidades brutales que eran decididamente anticristianas. Estas atrocidades empañaron la reputación de la cristiandad medieval y crearon tensiones prolongadas entre las naciones occidentales y los grupos de población de Oriente Medio.

Por primera vez en la historia de la Iglesia entraron en escena diferentes órdenes de «monjes guerreros». Entre ellas se encuentran los Caballeros Templarios (que tenían su sede cerca del Monte del Templo en Jerusalén) y los Caballeros de San Juan.

______La Primera Cruzada______ (1095–1099) tuvo como resultado la conquista de Jerusalén y el establecimiento de varios reinos cruzados. Desde el punto de vista militar, la Primera Cruzada fue un éxito.

Cuando uno de los reinos cruzados, Edesa, cayó en manos de los ejércitos musulmanes, se encargó una ______Segunda Cruzada______ (1147–1149). Bernardo de Claraval (véase más adelante) fue uno de sus partidarios. La Segunda Cruzada no logró sus objetivos militares.

______La Tercera Cruzada______ (1189–1192) se organizó en respuesta a las conquistas militares de Saladino, el sultán de Egipto y Siria que reconquistó Jerusalén en 1187. En esta cruzada participaron reyes como Federico Barbarroja del Sacro Imperio Romano Germánico y Ricardo «Corazón de León» de Inglaterra. A pesar de la fama de sus líderes, esta cruzada no pudo reconquistar Jerusalén.

La situación empeoró dramáticamente en el año 1204. Tras una serie de giros políticos, los cruzados occidentales saquearon la ciudad de Constantinopla. En lugar de defender el Imperio bizantino (el propósito inicial de las Cruzadas), los soldados de la ______Cuarta Cruzada______ atacaron y saquearon su capital. De este modo, las cruzadas pueden haber hecho más por debilitar el Imperio bizantino que por preservarlo.

En las décadas siguientes se librarían varias cruzadas más que acabarían en derrota y desastre. En 1291 los cruzados habían sido expulsados de Oriente Medio.

❖ **Para conversar.** Lee Efesios 6:10-18. ¿Cuál es la interpretación y aplicación adecuada de ese pasaje? ¿Qué dirías a alguien que utiliza ese pasaje para justificar ir en una cruzada?

IV. ESCOLÁSTICOS: EL SURGIMIENTO DE LA ESCOLÁSTICA

Durante este período, las cosas empezaron a cambiar en la educación europea. Se crearon las primeras universidades europeas, ya que la educación pasó de los monasterios a las universidades.

- ▶ Las primeras universidades de Europa se crearon en Bolonia (1088), Oxford (1096) y París (1150). Cambridge se fundó en 1209.

Durante la época de Carlomagno (748–814), en las escuelas monásticas comenzó a desarrollarse un nuevo método de aprendizaje llamado «escolasticismo». Se convirtió en el método de aprendizaje dominante en las universidades medievales.

La escolástica acompañó el redescubrimiento en Occidente de la filosofía griega, y en particular de Aristóteles.

Dos de los escolásticos más importantes fueron Anselmo de Canterbury (1033–1109) y Tomás de Aquino (1225–1274).

- ▶ Una notable contribución de Anselmo fue la articulación de la Teoría de la Satisfacción de la expiación. En lugar de ver la muerte de Jesús como un rescate pagado a Satanás (una opinión sostenida por algunos en la Edad Media Temprana), Anselmo enseñó que la muerte de Cristo satisfizo la deuda que los pecadores tienen con Dios. Los reformadores protestantes del siglo XVI se basaron en esta concepción de la expiación.

- ▶ Dos siglos después de Anselmo, Tomás de Aquino escribió dos importantes obras: *Suma Contra Gentiles* y *Suma Teológica*. En estas obras, Tomás aportó la filosofía aristotélica a la teología cristiana.

- ▶ Es famoso que Tomás articuló varios argumentos clásicos a favor de la existencia de Dios. Entre ellos, el argumento cosmológico (según el cual Dios es el Motor Inmóvil o la Primera Causa del universo) y el argumento teleológico (según el cual Dios es el Diseñador del orden de la naturaleza).

- ▶ A través de sus escritos, Tomás se convirtió en uno de los pensadores más influyentes de la historia de la iglesia occidental.

❖ **Para conversar.** Lee Isaías 53:1-12 a la luz de la Teoría de la Satisfacción de Anselmo sobre la expiación de Cristo. En este conocido pasaje, escrito aproximadamente 700 años antes del nacimiento de Jesús, el profeta Isaías predice los sufrimientos de Jesús. ¿Qué nos enseña un pasaje como este sobre la obra expiatoria de Cristo en la cruz? ¿Quién quedó satisfecho como resultado de la muerte de Jesús?

V. TESTIMONIOS DE LA GRACIA

Como hemos visto en esta lección, la Edad Media incluye ejemplos de corrupción eclesiástica, mala interpretación bíblica, confusión teológica y agitación política.

En medio del caos, todavía encontramos atisbos del evangelio de la gracia en líderes cristianos como Anselmo de Canterbury (1033–1109) y Bernardo de Claraval (1090–1153).

Anselmo (del que ya hemos hablado) fue arzobispo de Canterbury entre 1093 y 1109. Bernardo fundó un monasterio en Francia en 1115.

Los reformadores del siglo XVI no estaban de acuerdo con todo lo que enseñaban Anselmo y Bernardo; sin embargo, los veían como aliados con respecto a la salvación por la gracia a través de la fe solamente, basada únicamente en la obra terminada de Cristo. Las citas seleccionadas a continuación son alentadoras en ese sentido.

▶ Los pecadores se salvan no basados en sus propias obras, sino por la misericordia de Dios otorgada a través de Cristo.

> **Anselmo:** «¿Qué puede concebirse más misericordioso que el hecho de que Dios Padre diga a un pecador condenado a los tormentos eternos y que carece de medios para redimirse: "Toma a mi Hijo unigénito y entrégalo por ti", y que el Hijo mismo diga: "Tómame a mí como tu redención"? Pues algo así es lo que dicen cuando ellos [Padre e Hijo] nos llaman y nos atraen hacia la fe cristiana».[1]

> «Mira, Señor, el rostro de tu Ungido, que se hizo obediente a ti hasta la muerte, y no permitas que las cicatrices de sus heridas queden ocultas a tus ojos para siempre, para que recuerdes la gran satisfacción por nuestros pecados que has recibido de Él. Ojalá, oh Señor, pongas en la balanza los pecados por los que hemos merecido tu ira, y los sufrimientos que tu inocente Hijo soportó por nosotros. En verdad, oh Señor, sus sufrimientos parecerán más pesados y dignos —para que por ellos derrames tus misericordias sobre nosotros—, que nuestros pecados —para que por ellos refrenes tu compasión en la ira».[2]

▶ Las imperfecciones inconmensurables del creyente son cubiertas por las perfecciones infinitas de Cristo. Estamos revestidos de su justicia.

> **Anselmo:** «Ahora, pues, oh gran Creador de la luz, perdona ahora mis faltas, por los inconmensurables trabajos de tu amado Hijo. Señor, te ruego que mi impiedad sea perdonada por su piedad; mi obstinación por su mansedumbre; mi violencia por su dulzura. Deja que su humildad haga retroceder mi orgullo; su paciencia, mi impaciencia; su bondad, mi dureza; su obediencia, mi desobediencia; su calma, mi inquietud; su agrado, mi amargura; su dulzura, mi ira; su amor, mi crueldad».[3]

> **Atribuido a Anselmo:** «[Cuando estés ante Dios], si Él dice que eres un pecador; di: "Señor, interpongo la muerte de nuestro Señor Jesucristo entre mis pecados y tú". Si dice que has merecido la condena, di: "Señor, interpongo la muerte de nuestro Señor Jesucristo entre mis malos merecimientos y tú; y sus méritos los ofrezco por los que debería tener, pero no tengo". Si dice que está enojado contigo, di: "Señor, pongo la muerte de nuestro Señor Jesucristo entre tu ira y yo". Y cuando hayas completado esto, vuelve a decir: "Señor, pongo la muerte de nuestro Señor Jesucristo entre tú y yo"».[4]

▶ A los ojos de nuestro santo Juez, las buenas obras del pecador son como trapos de inmundicia. La única esperanza del pecador es clamar por misericordia.

> **Bernardo:** «¿Qué puede ser toda nuestra justicia ante Dios? ¿No será, según el profeta, considerada como un trapo de inmundicia, y, si se juzga estrictamente, no resultará toda nuestra justicia como mera injusticia y deficiencia? ¿Qué será entonces de los pecados, si ni siquiera nuestra justicia misma puede responder por sí misma? Por eso, exclamando vehementemente con el profeta: "No entres en juicio con tu siervo, Señor", acudamos con toda humildad a la misericordia, que es la única que puede salvar nuestras almas».[5]

> «Nadie será justificado ante Él por las obras de la ley… Conscientes de nuestra deficiencia debemos clamar al cielo y Dios tendrá misericordia de nosotros. Y en ese día sabremos que Dios nos ha salvado, no por las obras justas que nosotros mismos hayamos hecho, sino según su misericordia».[6]

▶ La única manera en que los pecadores pueden ser justificados es a través de la fe en Cristo. Debido a que no tienen méritos propios, la justicia de Cristo es imputada a su cuenta.

> **Bernardo:** «Por vuestros pecados morirá, por vuestra justificación resucitará, para que, justificados por la fe, tengáis paz con Dios».[7]

> «Porque ¿qué podía hacer el hombre, esclavo del pecado, atado con fuerza por el diablo, para recuperar la justicia que antes había perdido? Por eso, el que carecía de justicia tenía la de otro imputado a él.

Fue el hombre quien tuvo la deuda, fue el hombre quien la pagó. Porque si uno, dice [el apóstol Pablo], murió por todos, entonces todos estaban muertos, de modo que, como uno llevó los pecados de todos, la satisfacción de uno se imputa a todos».[8]

▶ La salvación se da a quienes se les imputa la justicia de Cristo. Esta justicia se da como un don de la gracia de Dios, recibida por medio de la fe en Cristo, y no sobre la base de las obras.

Bernardo (en una oración a Dios): «En cuanto a tu justicia, es tan grande la fragancia que difunde que no solo se te llama justa, sino también la justicia misma, la que hace justos a los hombres. Tu poder de hacer justos a los hombres se mide por tu generosidad al perdonar. Por eso, el hombre que, por el dolor del pecado, tiene hambre y sed de justicia, confía en Aquel que transforma al pecador en un hombre justo, y juzgado justo en términos de fe solamente, tendrá paz con Dios».[9]

«Me confieso muy indigno de la gloria del cielo, y que nunca podré obtenerla por mis propios méritos. Pero mi Señor la posee por un doble título: el de la herencia natural, por ser el Hijo unigénito de su eterno Padre; y el de la compra, por haberla adquirido con su preciosa sangre. Este segundo título me lo ha conferido; y, sobre este derecho, espero, con segura confianza, obtenerlo por su loable pasión y misericordia».[10]

En los siglos posteriores a Bernardo, comenzamos a ver el surgimiento de ________«prerreformadores»________ como Pedro Waldo (ca. 1140–1205), John Wycliffe (ca. 1320–1384) y Jan Hus (ca. 1369–1415). Estos hombres prepararon el camino para los reformadores del siglo XVI, como Lutero y Calvino.

❖ **Para conversar.** De las citas anteriores de Anselmo y Bernardo, ¿qué afirmaciones concretas te han llamado la atención? ¿Por qué?

PRECURSORES DE LA REFORMA

Waldo, Wycliffe y los Prerreformadores

PASAJE CLAVE: Hechos 5:29–32

Mas respondiendo Pedro y los apóstoles, dijeron: Debemos obedecer a Dios antes que a los hombres. El Dios de nuestros padres resucitó a Jesús, a quien vosotros habíais matado colgándole en una cruz. A este Dios exaltó a su diestra como Príncipe y Salvador, para dar arrepentimiento a Israel, y perdón de pecados. Y nosotros somos testigos de estas cosas; y también el Espíritu Santo, el cual Dios ha dado a los que le obedecen.

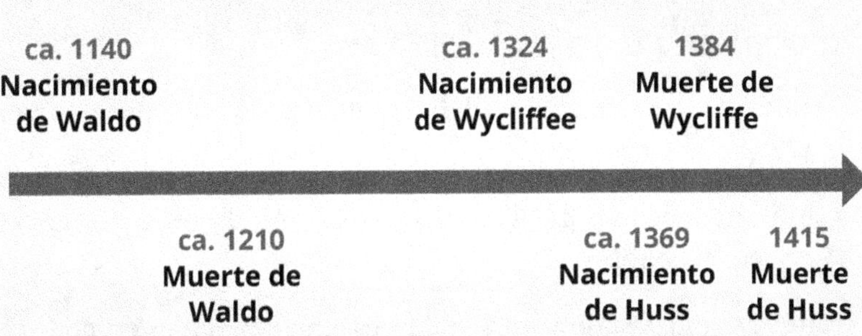

I. EL PAPADO EN LA EDAD MEDIA TEMPRANA Y EN LA TARDÍA

El poder papal alcanzó su cenit bajo el papa Inocencio III (1160–1216). Durante su mandato, el Cuarto Concilio de Letrán (1215) dogmatizó la doctrina de la transubstanciación. Esta es la noción errónea de que los elementos de la comunión (el pan y la copa) se transforman físicamente (en términos de su sustancia) en el cuerpo y la sangre de Jesús.

Alrededor de 1230 la iglesia occidental adoptó la idea de una Casa del Tesoro del Mérito en el cielo, desde la que el papa podía dispensar indulgencias (indultos que reducen el castigo por el pecado). La noción de las indulgencias papales no es bíblica, pero dominó el catolicismo romano de la Edad Media tardía.

No tardó en abusarse del sistema de indulgencias. Al ofrecer indulgencias a cambio de diezmos monetarios, la Iglesia católica romana pudo recaudar importantes sumas de dinero. La venta de indulgencias se convirtió en una importante herramienta de recaudación de fondos para los papas de finales de la Edad Media.

En el año 1300, debido a las luchas políticas en Europa, el papado se trasladó de Roma a Aviñón, Francia, donde permaneció durante unos setenta años. Finalmente, el papa Gregorio XI devolvió el papado a Roma. Cuando su sucesor, Urbano VI, insistió en permanecer en Roma, los cardenales franceses eligieron un papa rival (Clemente VII) en Aviñón.

En 1409 el Concilio de Pisa intentó resolver este cisma. Pero esto solo dio lugar a la elección de un tercer papa rival. El cisma papal (también llamado Cisma de Occidente) no se resolvió hasta el Concilio de Constanza de 1417.

A finales del siglo XIV, la Iglesia católica romana en Europa necesitaba desesperadamente una reforma. La corrupción del papado era evidente, comenzando por la venta de _____indulgencias_____ y seguido por el _____cisma_____ papal, en el cual _____tres_____ papas rivales afirmaban ser el verdadero líder de la Iglesia.

En medio de esto, Dios suscitó voces de protesta que estaban dispuestas a enfrentarse a la corrupción papal e incluso a desafiar la autoridad papal cuando entraba en conflicto con la enseñanza de las Escrituras.

Estos valientes individuos son conocidos como «precursores de la Reforma». Sus audaces convicciones anticiparon la postura que adoptarían los reformadores protestantes en el siglo XVI.

❖ **Para conversar:** ¿Puedes nombrar algunos personajes bíblicos que defendieron la verdad frente a un sistema político o religioso corrupto? ¿Qué les dio el valor para adoptar esa postura?

II. PEDRO WALDO (CA. 1140–1210)

Waldo vivió entre 1140 y 1210. Era un comerciante de Lyon (en la actual Francia).

Tras dejarse influir por la historia de un cristiano del siglo IV llamado Alejo (un hombre que vendió todas sus pertenencias por devoción a Cristo), Waldo vendió sus pertenencias y comenzó una vida de predicación y servicio al Señor.

Al principio, Waldo y sus seguidores eran conocidos como los _____«Pobres de Lyon»_____. Más tarde serían conocidos como los _____valdenses_____.

Waldo amaba la Palabra de Dios y encargó una traducción de porciones de las Escrituras de la Vulgata latina a un dialecto local. Su lectura de las Escrituras inspiró e informó su ministerio de predicación.

La Iglesia católica romana denunció el movimiento valdense en el Tercer Concilio de Letrán en 1179. Aunque no recibió la autorización del papa, Waldo decidió seguir predicando de todos modos. Insistió con valentía en que es mejor obedecer a Dios que a los hombres (véase Hechos 5:29).

Posteriormente, Waldo y sus seguidores fueron perseguidos por las autoridades católicas romanas como herejes. Sin embargo, el movimiento sobrevivió, aunque los valdenses a menudo se vieron obligados a esconderse en los Alpes.

Los valdenses compartían varias convicciones importantes con los reformadores posteriores:

1. _____La autoridad de la Escritura sobre la autoridad del papa_____.

2. _____La necesidad de traducir las Escrituras al lenguaje común_____.

3. _____La capacidad de los laicos para entender y predicar la Palabra de Dios_____.

En el siglo XVI los valdenses se unirían a la rama reformada de la Reforma Protestante. Esto era apropiado, ya que su movimiento fue un precursor de la Reforma.

❖ **Para conversar.** Examina el pasaje clave al principio de esta lección (Hechos 5:29-32). Cuando las autoridades religiosas le dijeron a Pedro que dejara de predicar, ¿cuál fue su respuesta? ¿Cómo aplicaron Pedro Waldo y sus seguidores ese mismo principio a su situación?

III. JOHN WYCLIFFE (CA. 1324–1384)

El movimiento valdense fue principalmente un movimiento de laicos (o no clérigos). Con John Wycliffe, sacerdote inglés y profesor en Oxford (Balliol College), tenemos los inicios de un movimiento erudito de resistencia contra las corrupciones del papado.

En consecuencia, Wycliffe es conocido como «la _______________ estrella de la mañana _______________ de la Reforma».

No rehuyó de señalar la corrupción que observaba en el seno del sacerdocio y de la dirección de la Iglesia. Su crítica al papado fue especialmente aguda.

Wycliffe abogó por la traducción de la Biblia a la lengua común. Junto con algunos de sus colegas de Oxford, participó en la traducción de las Escrituras de la _______________ Vulgata latina _______________ al inglés.

Es probable que Wycliffe tradujera gran parte del Nuevo Testamento, incluidos los cuatro Evangelios. El resto del Nuevo Testamento y la totalidad del Antiguo Testamento fueron traducidos por sus asociados.

En sus escritos, Wycliffe arremetió contra los abusos de la Iglesia católica romana. Él rechazó la doctrina de _______________ la transubstanciación _______________, y desaprobaba tanto la _______________ venta de indulgencias _______________ como _______________ el celibato obligatorio _______________ de los sacerdotes. Además, insistió en que la iglesia debía renunciar a sus propiedades y que el clero debía abrazar una vida de pobreza y simple devoción a Cristo.

Wycliffe también enseñó que la Iglesia estaba formada por las almas de los elegidos. Esta «iglesia invisible» era diferente de la «iglesia visible» de sacerdotes, cardenales y papas. La distinción entre la iglesia visible y la invisible continuaría siendo un punto importante de énfasis durante la Reforma Protestante.

Sus seguidores eran conocidos como los «lolardos». Este término parece significar «murmurador» y era un término peyorativo que sus oponentes daban a este grupo. Al igual que Wycliffe, los lolardos estaban comprometidos con la autoridad de las Escrituras y abogaban por su traducción a la lengua inglesa.

Wycliffe murió por causas naturales en 1384. Pero sus opiniones fueron muy influyentes en Inglaterra y más allá. Tras ser declarado hereje (por el Concilio de Constanza en 1415), el cuerpo de Wycliffe fue finalmente exhumado (en 1428) y quemado en efigie.

Al igual que los valdenses, Wycliffe y sus seguidores defendieron doctrinas que sentarían las bases de la posterior Reforma Protestante. Estas incluyen (1) un compromiso con la autoridad de las Escrituras por encima de la del papa; (2) el deseo de ver la Palabra de Dios traducida a la lengua vernácula; y (3) la convicción de que la Escritura podía ser entendida por aquellos que no tenían una formación clerical formal.

❖ **Para conversar.** Lee el Salmo 119:105. ¿Por qué el salmista compara la verdad de la Palabra de Dios con una lámpara? ¿Qué sucede si la lámpara se apaga? Lee los versículos 157-160. ¿Cómo responde el salmista a los que se oponen a la Palabra de Dios?

A. Wycliffe y la autoridad de las Escrituras

Una forma importante en que John Wycliffe actuó como precursor de la Reforma Protestante fue afirmando la autoridad de las Escrituras por encima de cualquier otra autoridad religiosa. Después de la Reforma, este principio protestante se resumiría en la frase latina *sola Scriptura* («Solo la Escritura»).

Considera los siguientes principios afirmados por Wycliffe sobre la supremacía y necesidad de la Escritura.

1. Wycliffe insistía en que la Palabra de Dios era una fuente de verdad superior a cualquier colección de papas o sacerdotes.

    John Wycliffe: «[Creo] que un hombre cristiano que lo entienda bien, puede reunir suficiente conocimiento durante su peregrinaje en la tierra; que toda la verdad está contenida en las

Escrituras; que no debemos admitir ninguna conclusión que no esté aprobada allí; que no hay ningún tribunal aparte del tribunal del cielo; que aunque hubiera cien papas, y todos los frailes del mundo se convirtieran en cardenales, sin embargo, deberíamos aprender más del evangelio que de toda esa multitud; y que los verdaderos hijos no irán de ninguna manera a infringir la voluntad y el testamento de su Padre celestial».[1]

2. Debido a que son responsables ante la Palabra de Dios, todas las personas deben ser expuestas a la verdad de las Escrituras.

John Wycliffe: «La Sagrada Escritura es la ley de Dios impecable, verdadera, perfecta y santísima, que todos los hombres deben aprender a conocer, defender y observar, ya que están obligados a servir al Señor de acuerdo con ella».[2]

3. Para que la Palabra de Dios estuviera al alcance de los laicos (no sacerdotes), Wycliffe sostenía que debía traducirse (del latín) a la lengua común del pueblo.

John Wycliffe: «Los creyentes deben cerciorarse por sí mismos de los asuntos de su fe teniendo las Escrituras en una lengua que puedan comprender plenamente… Cristo y sus apóstoles evangelizaron la mayor parte del mundo dando a conocer las Escrituras en una lengua que fuera familiar para el pueblo».[3]

4. Dada la importancia de hacer llegar la Palabra de Dios a las manos y a los corazones de la gente, quienes impidan esa labor son culpables de un gran crimen contra sus semejantes.

John Wycliffe: «Ciertamente, sería menos crueldad privar a los hombres de la comida y la bebida corporal, y hacerles morir corporalmente, que impedirles oír el evangelio y los mandatos de Dios, que son vida para el alma. Qué malditos anticristos son estos clérigos y curas mundanos, que maldicen a los hombres por predicar y oír las Sagradas Escrituras».[4]

5. Wycliffe llamó al papa «anticristo» porque estaba a la cabeza de un movimiento que se había colocado por encima de la Palabra de Dios, y que suprimía su traducción a la lengua común del pueblo.

John Wycliffe: «Así como nuestro Señor Jesucristo ordenó por medio de los escritos de los cuatro evangelistas, dar a conocer su evangelio con seguridad, y mantenerlo contra los herejes y los hombres fuera de la fe; así también el diablo, es decir Satanás, trama por medio del anticristo y de sus falsos funcionarios mundanos, destruir las Sagradas Escrituras y la creencia de los hombres cristianos, al [pretender que] la Iglesia es de más autoridad, y más para ser creída que cualquier evangelio».[5]

6. Los esfuerzos de Wycliffe por traducir la Biblia al inglés fueron recibidos con acusaciones de herejía. Pero él seguía confiando en que sus acciones contaban con la aprobación de Dios.

John Wycliffe: «Dicen que es una herejía hablar de la Sagrada Escritura en inglés, y así condenarían al Espíritu Santo que se lo dio en lenguas a los apóstoles de Cristo, para hablar la Palabra de Dios en todas las lenguas que fueron ordenadas por Dios bajo el cielo».[6]

7. Wycliffe vio la disminución de las Escrituras como un ataque directo a la gloria de Dios. En respuesta, comprometió su vida al honor de Dios y de su Palabra.

John Wycliffe: «Que Dios sea mi testigo de que, ante todo, tengo la gloria de Dios en la mira, y el bien de la Iglesia, que brota de la reverencia a la Sagrada Escritura y del seguimiento de la ley de Cristo».[7]

Para Wycliffe, suprimir el acceso del pueblo a la Palabra de Dios era desafiar la autoridad y el honor de Dios mismo.

El énfasis de Wycliffe en la autoridad de Dios sobre su Iglesia sería abrazado y adoptado una generación más tarde por el predicador bohemio[8] Jan Hus (véase más adelante).

Un siglo y medio después de Wycliffe, William Tyndale (1494–1536) continuaría el legado de Wycliffe en cuanto a la traducción de la Biblia. A diferencia de Wycliffe, que tradujo la Vulgata latina al inglés, Tyndale pudo traducir del hebreo y del griego.

La mayoría de los cristianos de habla inglesa dan por sentado que tienen la Palabra de Dios en su propio idioma. Podemos estar agradecidos por los fieles traductores de la Biblia, como Wycliffe y Tyndale, que trabajaron para hacer realidad la Biblia en un lenguaje común.

❖ **Para conversar.** Las autoridades católicas romanas medievales se opusieron activamente a cualquier intento de poner la Palabra de Dios a disposición del pueblo en su propia lengua. Lee Ezequiel 34:1-12. Este pasaje fue escrito acerca del Israel del Antiguo Testamento, pero el principio que expresa también se aplica a la historia de la Iglesia. ¿Qué piensa Dios del liderazgo espiritual que no alimenta al rebaño?

IV. JAN HUS (CA. 1369-1415)

Jan Hus (o «Jan Huss») vivió en la actual _______ República Checa _______. Era de un pueblo llamado «Husinec», que significa «Pueblo Ganso». La palabra bohemia «hus» significa «ganso».

Se formó en la Universidad de Praga y fue muy influenciado por los escritos de John Wycliffe.

Hus también era conocido como un predicador dotado. Predicaba regularmente en la capilla de Belén de la ciudad de Praga. Al predicar en el lenguaje de Bohemia, en lugar de en latín, Hus exponía a sus fieles a la Palabra de Dios.

> **Jan Hus:** «Concedo humildemente la fe, es decir, la confianza, a las Sagradas Escrituras, deseando sostener, creer y afirmar todo lo que en ellas se contiene mientras tenga aliento en mí».[9]

Al igual que Wycliffe, Hus predicó contra la corrupción del clero y la venta de indulgencias. En su libro *Sobre la Iglesia (De Ecclesia)*, Hus insistió en que solo Cristo, y no el papa, es la cabeza de la Iglesia. Hus apeló a Cristo como máxima autoridad por encima de papas, concilios y reyes.

Explicó que, cuando la palabra del papa entraba en conflicto con la Palabra de Cristo, los creyentes estaban obligados a someterse a las Escrituras y a obedecer al Señor.

> **Jan Hus:** «Si las declaraciones papales están de acuerdo con la ley de Cristo, deben ser obedecidas. Si están en desacuerdo con ella, entonces los discípulos de Cristo deben permanecer leal y varonilmente con Cristo en contra de todas las bulas papales y estar listos, si es necesario, para soportar la maldición y la muerte. Cuando el papa usa su poder de manera no bíblica, resistirlo no es un pecado, es un mandato».[10]

Las autoridades católicas romanas convocaron a Hus para que defendiera sus opiniones en el Concilio de Constanza. Se le prometió un pasaje seguro. Pero poco después de su llegada (en 1414), fue arrestado y encarcelado.

En 1415, Hus fue juzgado. Cuando quedó claro que no se le daría la oportunidad de explicar sus opiniones, declaró:

Jan Hus: «Apelo a Jesucristo, el único juez que es todopoderoso y completamente justo. En sus manos alego mi causa, no sobre la base de falsos testigos y consejos erróneos, sino sobre la verdad y la justicia».[11]

El 6 de julio de 1415 fue conducido fuera de la ciudad de Constanza y quemado en la hoguera. La frase en inglés «Your goose is cooked» («Tu ganso está cocinado», que en lo general significa «estás en problemas» o «sufrirás consecuencias») proviene de su ejecución. Según el *Libro de los Mártires* de Foxe (o *Actas y Monumentos*), Hus dijo a sus verdugos: «Ahora vais a quemar un ganso («Huss» significa ganso en la lengua de Bohemia); pero dentro de un siglo tendréis un cisne que no podréis ni asar ni hervir».[12]

Aunque esas palabras sean solo una leyenda, demuestran la estrecha relación entre Hus y la Reforma Protestante, ya que la publicación de las 95 Tesis por parte de Lutero (en 1517) se produjo aproximadamente 100 años después de la muerte de Hus.

Cuando los habitantes de Bohemia se enteraron de que Hus había sido ejecutado, se indignaron. Esto dio lugar a varios conflictos armados entre los seguidores de Hus (conocidos como «husitas») y las fuerzas católicas romanas.

Un siglo después de Hus, Martín Lutero fue significativamente influenciado por la vida y escritos de este mártir popular. Las similitudes eran tan sorprendentes que a Lutero se le apodó «el Hus sajón».

❖ **Para conversar.** Lee Efesios 1:18-23. ¿Qué enseñan estos versículos sobre el lugar que ocupa el Señor Jesús en la Iglesia? ¿Por qué crees que las autoridades católicas romanas se enojaron con Hus por afirmar que solo Cristo es la cabeza de la Iglesia?

V. EL CAMINO DE LA REFORMA

Como veremos en la próxima lección, la cuestión fundamental que desencadenó la Reforma fue la cuestión de la autoridad en la Iglesia.

Desde el punto de vista católico romano, el papa era considerado el jefe de la Iglesia, y la Iglesia tenía autoridad sobre la Biblia y su interpretación.

Los precursores de la Reforma (o «prerreformadores») desafiaron esta noción. Consideraban que solo Cristo era la cabeza legítima de la Iglesia. En consecuencia, su Palabra debía ser reverenciada como la más alta autoridad para la Iglesia.

Estos prerreformadores estaban convencidos de que la Palabra de Cristo debía ser accesible a todas las personas, no solo al clero. En consecuencia, abogaron por la traducción de las Escrituras a las lenguas comunes de Europa. También predicaban y enseñaban en lengua vernácula.

En respuesta, las autoridades católicas romanas tacharon a los prerreformadores de herejes y prohibieron sus traducciones de las Escrituras.

Pero la Palabra de Dios no podía ser suprimida. De la misma manera que el redescubrimiento de la ley de Dios desencadenó una reforma en tiempos del rey Josías (2 Crónicas 34-35), la recuperación de las Escrituras en la Edad Media pronto estallaría en un renacimiento y una reforma generalizados.

❖ **Para conversar.** Lee Hechos 6:7, 12:24 y 19:20. ¿Qué poder había detrás del crecimiento de la iglesia primitiva? ¿Qué nos enseñan esos versículos sobre el poder que hay detrás del reavivamiento y la Reforma?

LA REFORMA Y LA ERA MODERNA

(SIGLOS XVI–XX)

DESPUÉS DE LAS TINIEBLAS, LUZ

Lutero, Calvino y los reformadores protestantes

PASAJE CLAVE: Hebreos 4:12

Porque la palabra de Dios es viva y eficaz, y más cortante que cualquier espada de dos filos; penetra hasta la división del alma y del espíritu, de las coyunturas y los tuétanos, y es poderosa para discernir los pensamientos y las intenciones del corazón.

1505	1521	1536	1546	1564
Lutero entra al monasterio	**Dieta de Worms**	*Institución de Calvino*	**Muerte de Lutero**	**Muerte de Calvino**

1517	1530	1541	1556
Las 95 tesis	**Dieta de Augsburgo**	**Calvino regresa a Ginebra**	**Knox en Ginebra**

I. INTRODUCCIÓN A LA REFORMA

Desde el punto de vista humano, la Reforma Protestante del siglo XVI fue posible gracias a varios factores.

▶ La invención de una imprenta móvil por Johannes Gutenberg, alrededor de 1450, significó que los materiales impresos podían ser publicados rápidamente y en grandes cantidades, en lugar de tener que ser copiados a mano. La información contenida en los libros y panfletos podía ahora producirse en masa.

▶ La autoridad y la reputación del papado disminuyeron en los siglos XIV y XV debido a cuestiones como el cisma papal (véase la lección anterior). Los monarcas europeos se sintieron más libres para desafiar la autoridad papal.

▶ El auge del humanismo (el estudio de las humanidades) motivó a los eruditos europeos a estudiar las obras literarias antiguas, incluidos los primeros manuscritos de la Biblia. Esto llevó a la recuperación del hebreo y el griego bíblicos.

Estos factores prepararon el terreno para la Reforma Protestante, el avivamiento y la reforma del siglo XVI que han tenido un gran impacto en la historia de la Iglesia.

Pero el verdadero catalizador de la Reforma fue el poder de la Palabra de Dios. Cuando se estudiaron las Escrituras en sus lenguas originales y se predicaron en lengua vernácula, el Espíritu Santo utilizó la verdad de su Palabra para abrir los ojos ciegos y despertar los corazones muertos.

Los reformadores también se comprometieron a traducir la Biblia a las lenguas comunes de Europa. Gracias a la imprenta, los ejemplares de las Escrituras estaban ahora al alcance de la gente como nunca antes.

Los propios reformadores reconocieron ______la Palabra de Dios______ como el poder detrás de su movimiento. Considera las siguientes citas de Martín Lutero (1483–1546):

Martín Lutero: «Todo lo que he hecho es exponer, predicar y escribir la Palabra de Dios, y aparte de esto no he hecho… es la Palabra la que ha hecho grandes cosas. Yo no he hecho nada; la Palabra lo ha hecho y conseguido todo».[1]

«Por la Palabra la tierra ha sido sometida; por la Palabra la Iglesia ha sido salvada; y por la Palabra también será restablecida».[2]

«El papa, Lutero, Agustín, [o incluso] un ángel del cielo, no deben ser maestros, jueces o árbitros, sino solo testigos, discípulos y confesores de la Escritura. Tampoco debe enseñarse ni oírse en la Iglesia ninguna doctrina que no sea la pura Palabra de Dios. De lo contrario, que los maestros y los oyentes sean malditos junto con su doctrina».[3]

El compromiso de los reformadores con las Escrituras surgió de su convicción de que solo Cristo es la cabeza de la Iglesia. En consecuencia, su Palabra es la máxima autoridad sobre la Iglesia.

El principio de la Reforma de *sola Scriptura* («solo la Escritura») pretende resumir su compromiso con la autoridad y la suficiencia de las Escrituras. Solo la Palabra de Dios es la autoridad que establece qué creer y cómo vivir. La ciudad de Ginebra fue un centro importante durante la Reforma del siglo XVI. Así es como los reformadores explicaron su compromiso con la autoridad de la Palabra de Dios.

> **La Confesión de Ginebra de 1536:** «Afirmamos que deseamos seguir sólo la Escritura como regla de fe y religión».[4]

Cabe señalar que los reformadores no descartaron el valor de los concilios y credos históricos ni de los escritos de los padres de la Iglesia. Pero entendieron correctamente que todas esas cosas están sujetas a la autoridad de las Escrituras (Hechos 17:11).

Armados con un compromiso con Dios y su Palabra, los reformadores proclamaron con audacia las Escrituras en el idioma del pueblo. La Reforma fue el resultado inevitable, ya que la verdad bíblica se enfrentó a las tradiciones antibíblicas de los hombres (Marcos 7:6-13).

❖ **Para conversar.** Examina el pasaje clave que aparece al principio de esta lección (Hebreos 4:12). ¿Qué enseña ese versículo sobre el poder de las Escrituras? Efesios 6:17 se refiere a la Palabra de Dios como «la espada del Espíritu». ¿Cómo podemos explicar el poder sobrenatural de la Biblia?

II. UNA CONVERSIÓN DRAMÁTICA

En julio de 1505, un estudiante de derecho de 21 años caminaba por los campos de Alemania. De forma inesperada, se encontró atrapado en una tormenta eléctrica. Temiendo por su vida, pidió ayuda, no a Dios, sino a su patrona. «¡Santa Ana! Ayúdame y me haré monje».

El peligro pasó. Pero la promesa que Martín Lutero hizo en ese momento fue una promesa que pensaba cumplir. Abandonó los estudios de derecho (para consternación de su padre) e ingresó en un monasterio agustino en la ciudad de Erfurt (situada en la actual Alemania).

Aunque había escapado de la amenaza de la tormenta, seguía viviendo bajo la constante amenaza de la santa ira de Dios. Sentía un intenso peso de culpa que le presionaba la conciencia, a pesar de sus repetidos esfuerzos por aplacarla.

En consonancia con el pensamiento católico romano dominante en su época, Lutero trabajó incansablemente para intentar ganarse el favor de Dios y pagar el castigo por sus pecados. Llevó a cabo severos actos de autoascetismo, como dormir sin cobijas y ayunar durante largos períodos, lo que dañó permanentemente su salud. Se confesaba tan a menudo que su confesor tuvo que decirle que parara.

El propio Lutero evaluó este período de su vida de la siguiente manera: «Si alguna vez un monje llegó al cielo por medio del monacato, yo habría sido ese monje».[5]

En medio de esta lucha, Lutero se fijó en la frase «la justicia de Dios». Todo lo que Lutero podía ver en esa declaración era el estándar perfecto de la justicia de Dios, y sabía que estaba muy lejos de ella (Romanos 3:23). Para Lutero, la justicia de Dios era un recordatorio continuo de su propia condena, porque claramente reconocía que él no era justo.

Aproximadamente una década después de entrar en el monasterio, la desesperación de Lutero finalmente comenzó a desaparecer. Mientras enseñaba los libros de Salmos y Romanos, y más tarde Gálatas, los ojos de este monje desesperado se abrieron a la verdad del evangelio de la gracia.

A través de su estudio de las Escrituras (específicamente, Romanos 1:16-17), Lutero llegó a ver que la justicia de Dios revelada en el evangelio no es simplemente la norma justa de Dios, sino también su provisión justa, en la que Él reconoce a los creyentes como justos al revestirlos de la justicia perfecta de su Hijo.

Lutero resumió este notable descubrimiento con estas exuberantes palabras:

> **Martín Lutero:** «Por fin, meditando día y noche y por la misericordia de Dios, presté atención al contexto de las palabras: "En ella se revela la justicia de Dios, como está escrito: El que por la fe es justo, vivirá". Entonces empecé a comprender que la justicia de Dios es aquella por la que el justo vive por un don de Dios, es decir, por la fe… Aquí me sentí como si hubiera nacido de nuevo por completo y hubiera entrado en el mismísimo paraíso a través de las puertas que se habían abierto de par en par. Un aspecto totalmente nuevo de las Escrituras se abrió ante mí… y ensalcé mi dulcísima palabra con un amor tan grande como el aborrecimiento con el que antes había odiado el término "la justicia de Dios". Así, ese versículo de Pablo (Romanos 1:17) fue para mí realmente la puerta del paraíso».[6]

La lucha de una década de Lutero se caracterizó por la frustración y la desesperación. Sin embargo, terminó con la buena noticia del evangelio. Como pecador, nunca podría ganarse una posición correcta ante Dios. Pero a través de la fe, podía ser perdonado y revestido de la justicia de Cristo.

Lutero identificaría más tarde esto como el gran intercambio del evangelio. La pena por el pecado del creyente fue imputada (o contada) a Cristo, quien pagó esa pena en la cruz. Al mismo tiempo, la justicia perfecta de Cristo se imputa al creyente, que es declarado justo por Dios (2 Corintios 5:21).

Ningún mensaje es más importante que la buena noticia de la gracia de Dios. Ningún pecador es lo suficientemente bueno para ganarse el favor de Dios. Todos necesitamos desesperadamente la misericordia divina. El drama que rodea la conversión de Lutero puede ser único para él; pero el reconocimiento de la indignidad personal y la necesidad de la gracia de Dios es algo que todo verdadero creyente ha experimentado de primera mano.

Cuando reflexionamos sobre la historia de la conversión de Lutero, junto con la Reforma que le siguió, celebramos simultáneamente la maravilla de nuestro propio testimonio: que hemos sido salvados por gracia, no por obras, para que nadie se gloríe (Efesios 2:8-9).

❖ **Para conversar.** Todo testimonio de la gracia de Dios es sorprendente. Dedica un momento a reflexionar sobre los acontecimientos que te llevaron a la conversión. Comparte un breve testimonio de la gracia de Dios en tu vida con los demás en tu clase o grupo de discusión.

En la lección anterior presentamos las «indulgencias» (indultos que supuestamente reducían el castigo por el pecado). La iglesia medieval emitía indulgencias a cambio de dinero (diezmos). Esta venta de indulgencias se convirtió en una importante fuente de ingresos para el papado.

En 1517, las autoridades eclesiásticas encargaron a un monje llamado _______Johann Tetzel_______ que vendiera indulgencias en toda Sajonia.

Para entonces, Lutero enseñaba en la Universidad de Wittenberg. Cuando Tetzel comenzó a vender indulgencias cerca de Wittenberg, Lutero se indignó.

Para articular sus preocupaciones, Lutero redactó una lista de 95 argumentos contra el abuso de las indulgencias. Este tratado fue escrito en latín y estaba destinado al debate intereclesiástico.

De alguna manera, el documento de Lutero, escrito originalmente en latín, fue traducido al alemán. La imprenta hizo posible que se distribuyeran rápidamente copias por toda Sajonia y las regiones circundantes. Lutero había dado voz a las preocupaciones populares sobre la corrupción en la iglesia.

A pesar del creciente clamor, las autoridades católico romanas tardaron en responder. Al principio, el papa esperaba que el asunto fuera manejado dentro de la orden monástica de los agustinos, de la que Lutero formaba parte.

En julio de 1519, Lutero debatió con un hombre llamado Johann Eck sobre el tema de la autoridad papal. Lutero admitió que admiraba las enseñanzas de Jan Hus, lo cual era algo peligroso, ya que Hus había sido ejecutado como hereje.

En junio de 1520 el papa León X emitió un decreto (llamado «bula papal») que amenazaba con excomulgar a Lutero si no se retractaba. Cuando Lutero se negó a renunciar a sus opiniones, fue excomulgado en enero de 1521.

Posteriormente fue convocado por el emperador Carlos V a un consejo imperial (llamado «Dieta») en la ciudad de Worms. Lutero llegó en abril y se le presentó una lista de sus supuestas herejías. Pero Lutero siguió negándose a retractarse.

> **Martín Lutero:** «Ya que su majestad y sus señorías desean una respuesta sencilla, responderé sin cuernos y sin dientes. A menos que me convenza la Escritura y la razón lisa y llana, no acepto la autoridad de papas y concilios, pues se han contradicho entre sí; mi conciencia es cautiva de la Palabra de Dios. No puedo y no me retractaré de nada, porque ir en contra de la conciencia no es ni correcto ni seguro. Que Dios me ayude. Amén».[7]

Al mes siguiente, en mayo de 1521, Lutero fue declarado «hereje notorio» por el emperador. Esta designación lo convirtió en un proscrito y puso su vida en peligro.

El protector político de Lutero era un príncipe del Sacro Imperio Romano Germánico llamado Federico III, también conocido como Federico «el Sabio» de Sajonia. Sabiendo que Lutero estaba en peligro inminente, Federico envió hombres para «secuestrar» a Lutero y llevarlo a la clandestinidad.

Utilizando el seudónimo «Junker George» (Escudero Jorge), Lutero pasó la mayor parte del año siguiente en el castillo de Wartburg. Allí tradujo el Nuevo Testamento del griego al alemán. Esta traducción se completó a principios de 1522.

La traducción al alemán de Lutero influiría en los esfuerzos de traducción de William Tyndale, que estaba traduciendo el Nuevo Testamento al inglés, tarea que completó en 1525.

Esta época de la vida de Lutero ilustra su compromiso con la autoridad de las Escrituras. Se negó a vacilar en su compromiso con la verdad bíblica, incluso cuando el papa y el emperador lo amenazaban. Esa misma convicción motivó sus esfuerzos de traducción, porque reconocía la necesidad de poner la Escritura al alcance del pueblo.

❖ **Para conversar.** Observa lo que dijo Lutero en la Dieta de Worms. ¿A qué autoridad apeló Lutero? ¿A qué autoridad estaba sujeta su conciencia?

IV. EL CORAZÓN DEL EVANGELIO

De acuerdo con su compromiso con la _____________autoridad_____________ de las Escrituras, Lutero y sus compañeros reformadores recurrieron a la Palabra de Dios para definir el corazón del evangelio.

Durante la Edad Media, la doctrina de la justificación se había confundido y distorsionado. Los católicos romanos veían la justificación como un proceso gradual, por el cual el pecador era hecho justo durante un largo período de tiempo. Este proceso implicaba tanto la gracia de Dios como los esfuerzos del pecador por realizar buenas obras.

Parte de la confusión sobre la justificación se debe a la traducción latina del término griego. El término latín (*iustificare*) podía significar «hacer justo» y se prestaba a un proceso. Pero el término griego (*dikaiosuné*) significa «declarar justo», lo que habla de un veredicto judicial emitido en un momento dado.

Con el redescubrimiento del griego bíblico, los reformadores tuvieron cuidado de corregir la noción errónea de que la justificación era un proceso procurado en parte por las buenas obras. Se trata más bien de un perdón divino emitido en el momento de la conversión, en el que Dios declara al pecador justo (o justificado) sobre la base de la obra expiatoria y la justicia imputada de Cristo.

Así, los reformadores enseñaron que los creyentes son salvos solo por la gracia (*sola gratia*) a través de la fe (*sola fide*) en la persona y obra de Cristo (*solus Christus*). Toda la gloria de la salvación corresponde solo a Dios (*soli Deo Gloria*). Reconocían la importancia vital del arrepentimiento; pero veían claramente las buenas obras como la *evidencia* o el *fruto* de la justificación, no como la *causa* o la *raíz* de la misma.

Lutero distinguió el evangelio bíblico de la enseñanza católico romana, diferenciando entre la «teología de la cruz» (la perspectiva bíblica) y la «teología de la gloria» (la perspectiva romana).

▶ La «teología de la cruz» enfatizaba que los seres humanos no pueden hacer nada para ganar su propia justicia ante Dios; ni pueden añadir nada a la justicia provista para ellos a través de Cristo. Cualquier justicia que se les da viene de fuera de ellos (es una «justicia ajena»).

▶ Por otro lado, la «teología de la gloria» (como la llamaba Lutero), enseñaba que, incluso después de la caída, quedaba alguna capacidad en las personas pecadoras para alcanzar su propia justicia ante Dios. Este punto de vista implicaba que parte del crédito o la gloria de la salvación pertenecía al pecador. Lutero y sus compañeros reformadores rechazaron esto e insistieron, con razón, en que toda la gloria de la salvación pertenece solo a Dios.

A continuación, se presentan algunas declaraciones representativas de Martín Lutero y Juan Calvino (1509–1564) sobre la doctrina de la justificación por gracia, únicamente mediante la fe.

Martín Lutero: «Por la fe en Cristo, por tanto, la justicia de Cristo se convierte en nuestra justicia y todo lo que Él tiene se convierte en nuestro; más bien, Él mismo se convierte en nuestro. Esta es una justicia infinita, y una que traga todo el pecado en un momento, pues es imposible que el pecado exista en Cristo. Al contrario, el que confía en Cristo existe en Cristo; es uno con Cristo, teniendo la misma justicia que Él».[8]

«Así, haciendo un feliz cambio con nosotros, Él [Cristo] tomó sobre sí nuestra persona pecadora y nos dio su persona inocente y victoriosa; con la cual, estando ahora revestidos, somos liberados de la maldición de la ley. Por lo tanto, solo por la fe somos hechos justos, porque la fe se aferra a la inocencia y la victoria de Cristo».[9]

Juan Calvino: «Justificado por la fe es aquel que, excluido de la justicia de las obras, toma por fe la justicia de Cristo y, revestido de ella, aparece ante los ojos de Dios no como un pecador, sino como un justo».[10]

«Somos justificados ante Dios únicamente por la intercesión de la justicia de Cristo. Esto equivale a decir que el hombre no es justo por sí mismo, sino porque la justicia de Cristo le es comunicada por imputación».[11]

Al defender su entendimiento del evangelio, los reformadores volvieron a la enseñanza de las Escrituras. Algunos de los pasajes clave a los que recurrieron son:

> Lucas 18:10-14; 23:43
> Juan 3:16, 36; 11:25-27
> Hechos 13:38-39; 15:9-11; 16:30-31
> Romanos 3:28; 4:3; 5:1-3; 11:6
> 2 Corintios 5:21
> Gálatas 1:6-9; 2:21
> Colosenses 2:13-14
> Efesios 2:4-10
> Filipenses 3:7-11
> 1 Timoteo 1:15-17
> Tito 3:4-7

❖ **Para conversar.** Busca dos o tres de los pasajes de las Escrituras mencionados anteriormente. ¿Qué enseñan esos pasajes sobre la gracia del evangelio? ¿Qué le dirías a alguien que piensa que puede llegar al cielo sobre la base de sus propias buenas obras?

V. JUAN CALVINO Y LA GLORIA DE DIOS

Calvino nació en Francia en 1509. Era veinticinco años más joven que Lutero. Como tal, Calvino representa la ___segunda generación___ de reformadores protestantes.

Calvino se convirtió a principios de la década de 1530. Al igual que Lutero, había estado estudiando para ser abogado antes de que Dios cambiara el curso de su vida. Cuando estalló la persecución contra los protestantes en Francia, Calvino huyó a Suiza.

En Basilea, escribió su primera edición de la *Institución de la Religión Cristiana*. Se publicó en 1536.

Más tarde, ese mismo año, planeaba viajar a Estrasburgo. Su viaje lo llevó a través de Ginebra, donde otro reformador llamado William Farel (1489–1565) lo convenció para que se quedara y ayudara a dirigir la iglesia protestante de Ginebra.

En 1538, Farel y Calvino entraron en conflicto con el ayuntamiento y se vieron obligados a abandonar Ginebra. Calvino viajó a Estrasburgo, donde se casó y publicó su primer comentario de la epístola a los Romanos y su segunda edición de la *Institución*.

En el verano de 1541, Calvino regresó a Ginebra. Allí ejercería su ministerio durante el resto de su vida. Durante su estancia en Ginebra, predicó más de dos mil sermones.

En 1546, Calvino comenzó a enfrentarse a la oposición de algunos ciudadanos de Ginebra. Este grupo de oposición (conocido como los Libertinos) se resistía a Calvino y a las reglas que promulgaba la iglesia de Ginebra. No fue hasta casi diez años más tarde, a mediados de la década de 1550, que la oposición contra Calvino finalmente comenzó a disminuir.

A partir de 1555 Calvino acogió en Ginebra a refugiados protestantes ingleses (que huían de la reina María I, católica romana). Entre ellos estaba el predicador escocés John Knox.

En 1558 Calvino enfermó y trabajó rápidamente para terminar la edición final de la *Institución*. Esta versión final (publicada en 1559) se amplió a 80 capítulos, desde los seis originales de la primera edición.

Calvino murió el 27 de mayo de 1564. El objetivo de su vida había sido la gloria de Dios. Aunque su legado se reduce a menudo a unos pocos puntos clave relacionados con la soberanía de Dios en la salvación, el ministerio de Calvino se centró en la gloria soberana de Dios en todo.

> **Juan Calvino:** «El Espíritu Santo nos ha consagrado como templos de Dios. Por lo tanto, debemos dejar que la gloria de Dios brille a través de nosotros, y no debemos contaminarnos con el pecado».[12]

> «Porque ¿qué es más acorde con la fe que reconocer que estamos desnudos de toda virtud, para ser vestidos por Dios? ¿Qué, estamos vacíos de todo bien, para ser llenados por Él? ¿Qué, somos esclavos del pecado, para ser liberados por Él? ¿Ciegos, para ser iluminados por Él? ¿Cojos, para ser enderezados por Él? ¿Débiles, para ser sostenidos por Él? ¿Para quitarnos toda ocasión de gloriarnos, para que solo Él se destaque gloriosamente y nosotros nos gloriemos en Él?».[13]

> «Porque hasta que los hombres no reconozcan que le deben todo a Dios, que son alimentados por su cuidado paternal, que Él es el autor de todo su bien, que no deben buscar nada más allá de Él, nunca le prestarán un servicio voluntario. Más aún, a menos que establezcan su completa felicidad en Él, nunca se entregarán verdadera y sinceramente a Él».[14]

❖ **Para conversar.** Lee 1 Corintios 10:31. ¿Qué significa hacer todo para la gloria de Dios? ¿Cómo debería influir esa prioridad en nuestra forma de vivir como creyentes (2 Corintios 5:9)?

VI. OTRAS PERSONAS QUE DEBERÍAS CONOCER

Philip Melanchthon (1497–1560). Estrecho colaborador de Lutero en Wittenberg. Fue el principal autor de la Confesión de Augsburgo, que fue presentada al emperador Carlos V en la Dieta de _____Augsburgo_____ en 1530. La Confesión de Augsburgo es uno de los documentos más importantes de la historia luterana.

Ulrich Zwingli (1484–1531). Reformador protestante de Zúrich, considerado el padre de la rama reformada de la Reforma. Convenció al consejo de la ciudad de Zúrich para que le permitiera realizar amplias reformas eclesiásticas, incluyendo la abolición de la misa. Contemporáneo de Lutero, ambos coincidían en muchas cuestiones doctrinales, pero diferían profundamente en su entendimiento de la Cena del Señor.

William Tyndale (1494–1536). Traductor inglés de la Biblia que huyó a Europa porque traducir era ilegal en Inglaterra en aquella época. Tradujo el Nuevo Testamento del griego y el Pentateuco del hebreo. En 1536 fue arrestado y ejecutado por orden de Enrique VIII, el rey de Inglaterra. Sus esfuerzos de traducción sentaron la base para las posteriores traducciones de la Biblia al inglés.

Thomas Cranmer (1489–1556). Arzobispo protestante de ______Canterbury______ que ayudó a desencadenar la Reforma en Inglaterra durante los reinados de Enrique VIII y Eduardo VI. Cranmer fue ejecutado por su fe por María I (conocida como «María la sangrienta»).

John Knox (ca. 1513–1572). Reformador escocés que fue exiliado a Inglaterra, y luego a Europa (Fráncfort y Ginebra) antes de regresar a Escocia para liderar allí los esfuerzos de la Reforma. Entró en conflicto con la gobernante católica María, reina de Escocia. Al final, Knox llevó la teología reformada a Escocia, con lo que fundaría así el presbiterianismo.

DE LA REFORMA AL AVIVAMIENTO

Edwards, Whitefield y el Gran Avivamiento

PASAJE CLAVE: Juan 3:1–3

Había un hombre de los fariseos, llamado Nicodemo, prominente entre los judíos. Este vino a Jesús de noche y le dijo: Rabí, sabemos que has venido de Dios como maestro, porque nadie puede hacer las señales que tú haces si Dios no está con él. Respondió Jesús y le dijo: En verdad, en verdad te digo que el que no nace de nuevo no puede ver el reino de Dios.

1620	1640s	1660	1703	1739–41
Peregrinos a Plymouth	Guerra Civil Inglesa	Restauración	Nacimiento de Edwards y Wesley	Gran Avivamiento

1630s–40s	1650s	1662–1684	1730s–40s
Puritanos a Nueva Inglaterra	Protectorado de Cromwell	Puritanos como no-conformistas	Avivamiento Evangélico

I. LOS PURITANOS INGLESES

Durante el reinado de María I, conocida como «María la Sangrienta» (1553–1558), los protestantes ingleses fueron duramente perseguidos. Muchos huyeron de Inglaterra a ciudades como Ginebra y Fráncfort.

Cuando regresaron a Inglaterra, tras la coronación de la reina Isabel I en 1558, quisieron que la iglesia de Inglaterra aplicara las mismas reformas que habían observado en las congregaciones protestantes de Europa.

Estos protestantes ingleses trataron de purificar la iglesia de cualquier corrupción católica romana restante. Por esta razón, se les conoció como «puritanos».

Bajo el mandato de Isabel (1558–1603), el protestantismo inglés (o anglicanismo) conservó elementos de la liturgia católica romana. Esto resultó frustrante para los puritanos.

Cuando James VI de Escocia se convirtió en James I de Inglaterra (en 1603), los puritanos esperaban que fuera más favorable a las reformas que pretendían. Pero en 1604, en la Conferencia de Hampton Court, James dejó claro que no tenía intención de apoyar la causa puritana. Sin embargo, encargó una nueva traducción de la Biblia al inglés. La versión King James se completaría en 1611.

Bajo James I, los puritanos siguieron frustrados.

La situación empeoró en 1625, cuando Charles I subió al trono. Charles se había casado con una reina católica romana. También nombró a William Laud (1573–1645) como arzobispo de Canterbury.

Laud se opuso a los puritanos, y persiguió a los pastores puritanos que se desviaban de la liturgia anglicana prescrita en *El libro de oración común* y les prohibió enseñar sobre la soberanía de Dios en la salvación.

Estos conflictos eventualmente llevaron a un punto de ruptura, lo que condujo a la Guerra Civil inglesa (de 1641 a 1651), durante la cual los partidarios puritanos del Parlamento lucharon contra los partidarios realistas de Charles I.

El Parlamento ganó la guerra. Charles I fue ejecutado en 1649 y su familia fue exiliada a los Países Bajos.

Un general puritano llamado Oliver Cromwell (1599–1658) llegó al poder durante el Protectorado (1653–1659).

Durante la guerra, los teólogos puritanos se reunieron en la Asamblea de Westminster (de 1643 a 1653) y redactaron la Confesión y los Catecismos de Westminster. Entre 1645 y 1660, los Estándares de Westminster fueron adoptados en la iglesia inglesa.

Los puritanos pudieron finalmente implementar sus deseados cambios en la iglesia de Inglaterra.

Tras la muerte de Cromwell, Charles II regresó de los Países Bajos y fue coronado rey (en 1660). Cuando se restauró la monarquía en Inglaterra, la iglesia de Inglaterra volvió a su condición previa a la Guerra Civil inglesa.

Como resultado, unos dos mil cuatrocientos pastores puritanos se vieron obligados a abandonar la iglesia en 1662 (en lo que se conoce como la «Gran Expulsión»). Estos puritanos pasaron a ser conocidos como «disidentes» y «no conformistas».

Los disidentes formaron sus propias congregaciones separadas, y se enfrentaron a consecuencias legales como resultado. Por ejemplo, John Bunyan (1628–1688), el autor de *El progreso del peregrino,* fue encarcelado durante doce años por predicar sin licencia.

Con los puritanos marginados, Inglaterra entró en un período de profunda decadencia espiritual a finales del siglo XVII. En los albores del siglo XVIII, la necesidad de un avivamiento era grande.

❖ **Para conversar.** Los puritanos fueron los cristianos teológicamente conservadores y creyentes en la Biblia en la Inglaterra de los siglos XVI y XVII. Su deseo era purificar la iglesia de Inglaterra y librarla de doctrinas y prácticas no bíblicas. ¿Qué lecciones pueden aprender los cristianos contemporáneos del ejemplo de los puritanos?

II. EL PURITANISMO Y AMÉRICA

Los peregrinos fueron un grupo de puritanos separatistas que abandonaron Inglaterra debido a la ______persecución______ (durante el reinado de James I). Tras pasar una breve temporada en Ámsterdam, se embarcaron hacia Norteamérica en el *Mayflower,* desembarcando en Plymouth en 1620.

Tras la llegada al trono de Carlos I, muchos más puritanos abandonaron Inglaterra, convencidos de que la persecución en su país no haría más que empeorar. Durante la «Gran Migración» de la década de 1630, unos veinte mil colonos (en su mayoría puritanos) emigraron a Nueva Inglaterra.

- ▶ La colonia de Plymouth se estableció en 1620, y la de la Bahía de Massachusetts en 1628.

- ▶ En 1636 se fundó la Universidad de Harvard.

- ▶ Por esa misma época, Roger Williams abandonó la Bahía de Massachusetts para fundar Rhode Island, y la primera Iglesia Bautista de América (en 1638).

La ola inicial de puritanos en Nueva Inglaterra era muy devota. Pero las generaciones posteriores carecían de la convicción de sus predecesores. Con el tiempo, se instaló una creciente sensación de indiferencia espiritual.

En la época de Jonathan Edwards (1703–1758), las iglesias de Nueva Inglaterra estaban pobladas en su mayoría por cristianos nominales.

Tanto en Inglaterra como en Nueva Inglaterra había una gran necesidad de avivamiento, lo que preparó el camino para los ministerios y el impacto de hombres como Jonathan Edwards y George Whitefield.

III. EL AVIVAMIENTO EVANGÉLICO EN INGLATERRA

Debido a la decadencia espiritual tanto en Inglaterra como en las colonias americanas, se preparó el escenario para un Avivamiento Evangélico en Inglaterra y un Gran Avivamiento (también llamado «Gran Despertar») en América.

Para ello, Dios levantó líderes clave, como Jonathan Edwards (1703–1758), John Wesley (1703–1791), Charles Wesley (1707–1788) y George Whitefield (1714–1770).

John y Charles Wesley nacieron en una familia numerosa de diecinueve hijos. Su padre era ministro anglicano.

George Whitefield, por el contrario, solo tenía dos años cuando su padre murió. Whitefield creció en la pobreza. En 1729, Charles Wesley fundó un grupo en la Universidad de Oxford llamado «Club Santo». Tanto su hermano, John, como su amigo, George Whitefield, acabarían uniéndose a este grupo. Los tres hombres admitirían más tarde que no eran convertidos en ese momento.

Los miembros del Club Santo se centraron en intentar ser santos, al menos externamente.

▸ En sus esfuerzos por ganar la salvación a través de buenas obras externas, George Whitefield se obligó a sí mismo a soportar una severa disciplina que dañó su salud. Sin embargo, nada de lo que hizo pudo regenerar su corazón o asegurar su salvación.

Otros estudiantes de Oxford llamaban a los miembros del Club Santo «metodistas», por su enfoque metódico de la autodisciplina y la espiritualidad. Este apodo llegó a definir más tarde el movimiento que estos hombres liderarían.

Como la familia de Whitefield era muy pobre, cuando se matriculó en el Pembroke College de Oxford, pagó sus gastos trabajando como *servitor* (un recadero al servicio de otros estudiantes).

En 1733 Charles Wesley le dio a Whitefield una copia de una obra puritana llamada *La vida de Dios en el alma del hombre,* de Henry Scougal. Esta obra le mostró a Whitefield que a menos que naciera de nuevo, sería condenado por Dios. El Señor usó ese libro para atraer a Whitefield a la fe salvadora.

Tras convertirse de verdad, Whitefield se embarcó en un ministerio de evangelización y predicación. Cuando le resultó difícil encontrar oportunidades de predicación en las iglesias, comenzó a predicar al aire libre. Esto se convertiría en un sello distintivo del movimiento metodista.

En 1738 el Señor abrió los ojos de John y Charles Wesley (en diferentes ocasiones) a la verdad del evangelio. Sus corazones fueron transformados. El moralismo muerto que los había caracterizado anteriormente fue reemplazado por la verdadera vida de la regeneración.

Ese mismo año, Whitefield realizó su primer viaje a las colonias americanas. Su primera visita fue a la colonia de Georgia. Un par de años más tarde recorrería Nueva Inglaterra, predicando en ciudades importantes como Nueva York y Boston. Esta gira de predicación corresponde con un avivamiento en América conocido como el Gran Avivamiento (véase más adelante).

Tras su regreso a Inglaterra en la década de 1740, Whitefield se encontró con la resistencia de John Wesley sobre la doctrina de la soberanía de Dios en la salvación. Esto provocó que el primer metodismo se dividiera, con Whitefield abrazando la doctrina reformada de la elección y Wesley defendiendo una visión arminiana que enfatizaba el libre albedrío humano.

Durante esta época, tanto John Wesley como George Whitefield influyeron significativamente en la gente de toda Inglaterra, llamándoles a considerar si realmente habían nacido de nuevo. Al estar dispuestos a predicar fuera, no estaban limitados por el tamaño de las iglesias locales o la aprobación del clero.

Whitefield también tuvo un gran impacto en las colonias americanas. A lo largo de su vida, realizó trece viajes transatlánticos (para un total de siete viajes a América). En su séptimo viaje, en 1770, murió tras predicar en New Hampshire.

► A lo largo de su vida, Whitefield predicó unos dieciocho mil sermones. Fue el predicador más conocido tanto en Inglaterra como en Nueva Inglaterra en el siglo XVIII; y una de las figuras más reconocidas de su época.

En 1788 murió Charles Wesley. Es muy conocido por haber compuesto más de seis mil himnos, entre los que se encuentran cantos tan conocidos como *Maravilloso es el gran amor* (*And Can It Be,* por su nombre en inglés) y *Oh que tuviera lenguas mil* (*O for a Thousand Tongues to Sing,* por su nombre en inglés).

John Wesley murió en 1791, tras dar forma al movimiento metodista. Aunque solo viajó a América una vez, el movimiento metodista se convertiría en la mayor denominación protestante de América en el siglo XIX.

❖ **Para conversar.** Los predicadores del Avivamiento Evangélico señalaron que el comportamiento moral y las buenas obras no pueden salvar a los pecadores. Más bien, las personas deben ser «regeneradas» o «nacidas de nuevo», lo que significa que sus corazones deben ser cambiados. Lee Juan 3:1-3, 2 Corintios 5:17 y Tito 3:1-7. ¿Qué enseñan estos pasajes sobre la relación entre la regeneración y la salvación?

IV. JONATHAN EDWARDS Y EL GRAN AVIVAMIENTO

A. Vida temprana de Edwards

Edwards nació el 5 de octubre de 1703. Era el quinto de once hijos y el único varón. Su padre, Timothy Edwards, era ministro, al igual que su abuelo materno, _____________ Solomon Stoddard _____________.

Siendo un joven adolescente, Edwards empezó a estudiar en Yale. Durante su estancia allí, a los 16 años, enfermó gravemente y pensó que iba a morir. Esto dio lugar a un período de sobria reflexión, durante el cual consideró la condición de su alma.

En 1721 abrazó al Señor Jesús con fe salvadora. Como resultado de su conversión, llegó a amar la doctrina de la soberanía de Dios, una doctrina que antes le había costado abrazar.

En los años siguientes, Edwards escribió _____________ setenta _____________ resoluciones en las que expresaba su deseo de glorificar a Dios y caminar en amorosa obediencia a Él. Aquí hay varios extractos de sus *Resoluciones:*

Jonathan Edwards (Prefacio): «Siendo consciente de que soy incapaz de hacer nada sin la ayuda de Dios, le suplico humildemente que, por su gracia, me permita cumplir estas Resoluciones, en la medida en que sean conformes a su voluntad, por amor a Cristo».

4. «Resuelvo, no hacer nunca ninguna cosa, ni en el alma ni en el cuerpo, ni menos ni más, sino lo que tiende para la gloria de Dios».

5. «Resuelvo, a no perder nunca un instante de tiempo; sino a emplearlo de la manera más provechosa que pueda».

16. «Resuelvo, a no hablar nunca mal de nadie, de modo que tienda a su deshonra, en mayor o menor medida, sin más motivo que algún bien real».

21. «Resuelvo, a no hacer nunca nada, que, si viera en otro, considerara una justa ocasión para despreciarlo, o para pensar de alguna manera más mezquina de él».

48. «Resuelvo, constantemente, con la mayor amabilidad y diligencia, y el más estricto escrutinio, a estar mirando el estado de mi alma, para saber si tengo verdaderamente un interés en Cristo o no; para que cuando llegue a la muerte, no tenga ninguna negligencia respecto a esto de la cual arrepentirme».

52. «Con frecuencia oigo a personas de edad avanzada decir cómo vivirían si tuvieran que volver a vivir su vida: Resuelvo que viviré tal y como creo que desearía haber hecho, suponiendo que vivo hasta la vejez».[1]

Mientras escribía sus resoluciones, Edwards ejerció brevemente su ministerio en una iglesia de Nueva York (1722–1723) y posteriormente fue tutor en Yale College (1724–1726).

En 1727, Edwards fue ordenado en Northampton, Massachusetts, donde ayudaría a su abuelo (Solomon Stoddard) en el ministerio pastoral. Un par de años después, cuando Stoddard murió, Edwards se convirtió en el pastor de la iglesia.

En 1727, se casó con Sarah Pierpont. Juntos tuvieron once hijos.

B. El Gran Avivamiento

A mediados y finales de la década de 1730, la iglesia de Edwards se convirtió en el punto de partida de un _____avivamiento_____ que se extendió por los alrededores.

En 1740, George Whitefield vino a Northampton a predicar, como parte de su gira de predicación por Nueva Inglaterra. El Señor usó la predicación evangelística de Whitefield para convencer los corazones de muchos que habían crecido en la iglesia pero que nunca se habían convertido verdaderamente a Cristo.

Muchos en toda Nueva Inglaterra fueron despertados a la muerte de su religión hipócrita y llegaron a la fe salvadora. Este movimiento se conoce como el Gran Avivamiento.

En 1741, Edwards predicó su famoso sermón, *Pecadores en manos de un Dios airado,* a una congregación en Enfield, Connecticut. El sermón incitó a muchos en la congregación a clamar por la misericordia de Dios y a arrepentirse de su hipocresía.

En la década de 1740, en respuesta a las dramáticas conversiones que se produjeron durante el Gran Avivamiento, Edwards hizo hincapié en el fruto de la salvación auténtica. Obras como *Un tratado de los afectos religiosos* (*A Treatise on Religious Affections,* por su nombre en inglés) (publicada en 1746) explicaban que la verdadera conversión se evidencia por el fruto espiritual, como el amor a Dios y a los demás.

C. La vida posterior de Edwards

En 1747, Edwards se sintió impactado por la vida y la muerte de David Brainerd, que sirvió como misionero a las tribus nativas americanas en Nueva Inglaterra. En 1749, Edwards publicó la biografía y el diario de Brainerd.

Esta obra influiría en misioneros posteriores, como William Carey (véase la próxima lección).

Debido a una serie de cuestiones, incluida su negativa a servir la comunión a los miembros de la iglesia que no se habían convertido realmente, Edwards fue expulsado de su iglesia después de servir allí durante más de veinte años. Predicó su sermón de despedida en 1750.

Edwards se trasladó a Stockbridge, Massachusetts, donde siguió los pasos de Brainerd, dedicándose a la evangelización de una tribu local de nativos americanos.

Durante este tiempo, también publicó un tratado sobre *La libertad de la voluntad*. Esta importante obra demostró la compatibilidad entre la soberanía de Dios y la voluntad del hombre.

En 1758, Edwards se trasladó a Nueva Jersey para ejercer como presidente del College of New Jersey (posteriormente llamado Princeton University). Poco después de su llegada, fue vacunado contra la viruela. En lugar de preservar su salud, la inoculación resultó fatal. Edwards murió el 22 de marzo de 1758.

Aunque solo tenía 54 años cuando murió, sigue siendo uno de los teólogos más influyentes de Estados Unidos.

❖ **Para conversar.** El Gran Despertar fue un avivamiento entre las iglesias de Nueva Inglaterra. Las personas que habían crecido en la iglesia, pero que nunca habían abrazado a Cristo en la fe salvadora, fueron repentinamente confrontadas con la realidad de su condición espiritual. ¿Qué le dirías a alguien que dice ser cristiano simplemente porque asiste a la iglesia y trata de ser una buena persona? ¿Qué pasajes de la Escritura utilizarías para explicar lo que significa realmente seguir a Cristo?

V. TRAS LAS HUELLAS DE LA REFORMA

En su esencia, la Reforma Protestante se basó en dos principios fundamentales. _____«Solo la Escritura»_____ (*sola Scriptura*) proporcionaba la autoridad para definir la doctrina y determinar las convicciones. _____«Solo la fe»_____ (*sola fide*) articulaba la verdad del evangelio, según la cual los pecadores son justificados (o declarados justos ante los ojos de Dios) por la gracia a través de la fe en Jesucristo, sin mérito de sus propias obras.

Estos dos principios son claramente evidenciados tanto por los puritanos como por los líderes eclesiásticos del siglo XVIII que los siguieron. Consideremos La Confesión de fe de Westminster con respecto a la autoridad de las Escrituras y la justificación por la fe:

La Confesión de fe de Westminster **sobre las Escrituras:** «La autoridad de la Sagrada Escritura, por la cual debe ser creída y obedecida, no depende del testimonio de ningún hombre o iglesia, sino totalmente de Dios (que es la verdad misma) el autor de la misma; y por lo tanto debe ser recibida, porque es la Palabra de Dios… El juez supremo por el cual deben determinarse todas las controversias de la religión, y todos los decretos de los concilios, las opiniones de los escritores antiguos, las doctrinas de los hombres y los espíritus privados, deben ser examinados, y en cuya sentencia debemos descansar, no puede ser otro que el Espíritu Santo hablando en la Escritura». (1.4, 10)

La Confesión de fe de Westminster **sobre la justificación:** «A los que Dios llama de una manera eficaz, también justifica gratuitamente, no infundiendo justicia en ellos sino perdonándoles sus pecados, y contando y aceptando sus personas como justas; no por algo obrado en ellos o hecho por ellos, sino solamente por causa de Cristo; no por imputarles la fe misma, ni el acto de creer, ni alguna otra obediencia evangélica como su justicia, sino imputándoles la obediencia y satisfacción de Cristo y ellos por la fe, lo reciben y descansan en Él y en su justicia. Esta fe no la tienen de ellos mismos. Es un don de Dios». (11.1)

Los evangelistas protestantes del siglo XVIII como Edwards, Whitefield y los Wesley habrían estado de acuerdo en que la Palabra de Dios viene con su autoridad suprema, y que la obra de salvación de Dios se basa únicamente en la obra completada por Cristo, no en los esfuerzos moralistas del pecador.

❖ **Para conversar.** Esta lección se centró en los efectos de la Reforma en los siglos XVII y XVIII. ¿Qué fue lo que más te llamó la atención de los puritanos o de los predicadores del Avivamiento Evangélico y del Gran Despertar?

EL EVANGELIO SE PROPAGA

Carey, Judson y el movimiento moderno de misiones

PASAJE CLAVE: Mateo 28:18–20

Y acercándose Jesús, les habló, diciendo: Toda autoridad me ha sido dada en el cielo y en la tierra. Id, pues, y haced discípulos de todas las naciones, bautizándolos en el nombre del Padre y del Hijo y del Espíritu Santo, enseñándoles a guardar todo lo que os he mandado; y he aquí, yo estoy con vosotros todos los días, hasta el fin del mundo.

1793
William Carey parte hacia la India

1813
Adoniram Judson llega a Burma

1885
C.T. Studd llega a China

1806
Henry Martyn llega a la India

1854
Primer viaje de Hudson Taylor a China

1834
C.T. Studd muere en África

I. LA GRAN COMISIÓN Y LAS MISIONES MODERNAS

Después de su resurrección, el Señor Jesús encargó a sus seguidores que fueran sus testigos en todo el mundo (Mateo 28:18-20; Hechos 1:8).

En el siglo XVI, los reformadores protestantes se comprometieron valientemente a traducir la Biblia y a predicar su verdad. Esa misma prioridad caracterizó el movimiento misionero de los siglos XIX y XX.

Considera los siguientes ejemplos de creyentes fieles que se tomaron en serio el mandato de Cristo de ir a hacer discípulos a todas las naciones.

1. _____John Elliott_____ (1604–1690) fue un colono puritano de Nueva Inglaterra que comenzó a evangelizar a los nativos americanos. Conocido como el «apóstol de los indios», tradujo la Biblia a su lengua nativa, ayudó a establecer iglesias y provocó un celo misionero entre los colonos cristianos del Nuevo Mundo.

2. Ese espíritu misionero inspiró a hombres como _____David Brainerd_____ (1718–1747) a dedicar igualmente su vida a alcanzar a los nativos americanos con las buenas noticias del evangelio.

3. Aunque Brainerd murió con solo 29 años, su amigo _____Jonathan Edwards_____ (1703–1758) quedó tan impresionado por la pasión del joven misionero que editó el diario de Brainerd y lo publicó. El propio Edwards trabajaría más tarde como misionero entre los nativos americanos de Stockbridge, Massachusetts.

4. En 1785, un zapatero inglés llamado _____William Carey_____ (1761–1834) leyó un ejemplar de *Relato de la vida del Reverendo David Brainerd* por Jonathan Edwards. El libro tuvo un profundo impacto en el pensamiento de Carey, y encendió una pasión en su corazón para llevar el evangelio a la India. William Carey partió a la India en 1793 y entonces nació el movimiento misionero moderno.

5. El ejemplo de Carey influyó en el misionero estadounidense _____Adoniram Judson_____ (1788–1850). También inspiró a otros. En 1802 un predicador británico llamado _____Charles Simeon_____ (1759–1836) hablaba del bien que William Carey estaba haciendo en la India. Al escuchar ese mensaje, un joven de la congregación llamado _____Henry Martyn_____ (1781–1812) decidió que él también iría a la India, en lugar de estudiar derecho.

6. Martyn murió joven. Sin embargo, sus memorias influyeron a muchos en Inglaterra. En particular, su biografía tuvo un impacto significativo en ___Anthony Norris Groves___ (1795–1853), considerado por algunos como el «padre de las misiones de fe». (Groves fue misionero en el actual Irak y posteriormente en la India). En sus propias memorias, Groves escribe.

> **Anthony Norris Groves:** «Hoy he terminado de leer, por segunda vez, las Memorias de [Henry] Martyn… Cómo admira y ama mi alma su celo, abnegación y devoción; tanto como brillante, fue transitoria su carrera; ¡qué poder espiritual y mental en medio de la debilidad y la enfermedad del cuerpo! Que su ejemplo me anime a alcanzar una marca más alta».[1]

7. En 1825, Groves publicó un breve folleto titulado *Devoción cristiana*, en el que animaba a los cristianos a vivir austeramente, confiando en Dios para sus necesidades y dedicando la mayor parte de sus ingresos a los esfuerzos de evangelización en todo el mundo. Ese libro tuvo un gran impacto en el pensamiento de hombres como ___George Müller___ (1805–1898) y ___James Hudson Taylor___ (1832–1905), de manera tan significativa que dio forma a cómo pensaban acerca de las misiones.

8. Hudson Taylor fue el primer misionero moderno que llegó al interior de China. Estableció la Misión Interior de China y reclutó a cientos de misioneros para que se unieran a los esfuerzos de evangelización allí. En un momento dado, Taylor regresó a Inglaterra, donde instó a los jóvenes cristianos a unirse a él en China. Un famoso jugador de críquet de Cambridge llamado ___C. T. Studd___ (1860–1931) fue uno de los que se vieron profundamente afectados por la predicación de Taylor. Studd dejó atrás una vida de ocio para servir a Cristo en el extranjero. Otros seis estudiantes se unieron a Studd y juntos llegaron a ser conocidos como «Los siete de Cambridge».

9. La publicidad cosechada por C. T. Studd y «Los siete de Cambridge» en Inglaterra, especialmente en las universidades británicas, influyó en los inicios del Movimiento de Estudiantes Voluntarios para las Misiones Extranjeras (iniciado en 1886) en Norteamérica. Bajo el liderazgo de hombres como ___D. L. Moody___ (1837–1899) y ___Arthur T. Pierson___ (1837–1911), el autor de la biografía de George Müller; cientos de estudiantes estadounidenses se unirían al movimiento de voluntarios y se comprometerían con la labor misionera en el extranjero.

10. El testimonio de Hudson Taylor también fue especialmente influyente en la vida de misioneros posteriores como ___Amy Carmichael___ (1867–1951), ___Eric Liddell___ (1902–1945), y ___Jim Elliot___ (1927–1956). Hablando de ese impacto, Elisabeth Elliot explicó:

> **Elisabeth Elliot:** «Cuando era estudiante universitaria, mi padre me prestó [un libro acerca de] la vida de Hudson Taylor en dos volúmenes. Otro estudiante universitario, Jim Elliot, la leyó también y esta fue una de las grandes cosas que él y yo teníamos en común: una enorme hambre de ese tipo de piedad, de un verdadero corazón misionero».[2]

Como demuestra esta breve historia, las misiones son contagiosas. Desde John Elliott hasta Jim Elliot se puede trazar una cadena perceptible de influencia y fidelidad al evangelio de un misionero ferviente a otro.

Curiosamente, esta cadena en particular nos lleva a cerrar el círculo, desde las Américas hasta el mundo entero y de vuelta. John Elliott llevó el evangelio a los nativos americanos de Nueva Inglaterra. Tres siglos después, Jim Elliot llevó el evangelio a los nativos americanos de Ecuador.

Algunos de los misioneros mencionados anteriormente solo vivieron poco tiempo. David Brainerd tenía veintinueve años cuando murió. Henry Martyn tenía treinta y uno. Jim Elliot tenía veintiocho. Sin embargo, el impacto de sus vidas se extiende mucho más allá de su corta estancia en esta tierra. Su abnegación inspiró a miles de personas a dar su vida por el evangelio.

Esto no es más que un pequeño hilo en el gran tapiz que Dios ha tejido a lo largo de los siglos. Sin embargo, ilustra una profunda lección de manera vívida. Nunca hay que subestimar el poder de influencia de una vida plenamente invertida en servir al Señor Jesús. La fidelidad sacrificial a Cristo en una generación repercute en muchas generaciones posteriores.

❖ **Para conversar.** Dedica un tiempo a discutir las implicaciones de la Gran Comisión para los cristianos de hoy. Ya sea que te traslades a otro país o no, ¿qué puedes hacer para ser un testigo fiel del Señor Jesús?

II. WILLIAM CAREY (1761–1834)

Conocido como el «padre de las misiones modernas», Carey ayudó a fundar la ___Sociedad Bautista Misionera___.

Carey era zapatero de profesión. Pero estudiando mientras trabajaba, aprendió por sí mismo el griego, el hebreo y otros idiomas.

En 1781, se casó con Dorothy, con quien tuvo seis hijos. Solo tres de sus hijos sobrevivieron hasta la edad adulta. Ese mismo año, su amigo Andrew Fuller escribió un panfleto titulado *El evangelio digno de toda aceptación*. Este panfleto animaba a los cristianos de Inglaterra a pensar en la labor misionera en el extranjero.

En 1785, Carey también se sintió profundamente impactado por el *Relato de la vida del Reverendo David Brainerd* de Edwards. Como resultado, se preocupó apasionadamente por llevar el evangelio a partes del mundo donde no se predicaba a Cristo.

En 1789, Carey comenzó a pastorear una pequeña congregación en Leicester, Inglaterra.

En 1792, publicó una importante obra titulada *Una investigación sobre las obligaciones de los cristianos de utilizar medios para la conversión de los gentiles*. En este libro, Carey sostenía que la Gran Comisión era para todos los creyentes. Hizo un breve recorrido por la historia de las misiones, analizó la necesidad mundial del evangelio y pidió que se formara una sociedad misionera.

El nombre inicial de esa sociedad misionera fue «La Sociedad Particular Bautista para la Propagación del Evangelio entre los paganos». Posteriormente se acortó a Sociedad Bautista Misionera.

Carey partió a la India en 1793. Al principio, dirigió una fábrica de añil, mientras trabajaba en una traducción al bengalí del Nuevo Testamento.

En 1801, se convirtió en profesor de bengalí en el Colegio de Fort William en Calcuta. El colegio se creó para impartir formación lingüística a los oficiales británicos. Este puesto permitió a Carey revisar su Nuevo Testamento en bengalí y también iniciar una traducción al sánscrito.

Carey y sus compañeros de misión establecieron una imprenta para hacer copias de estas traducciones.

- ▶ Para su desgracia, un devastador incendio en 1812 destruyó varios documentos valiosos. Pudieron salvar la prensa y reanudaron la impresión seis meses después.

- ▶ Al final de la vida de Carey, la prensa había impreso materiales bíblicos en docenas de idiomas y dialectos.

En 1818, la misión estableció una escuela de formación para pastores, que ofrecía educación a los estudiantes sin importar su lugar en el sistema de castas.

Carey murió el 9 de junio de 1834, habiendo dedicado su vida al avance del evangelio en ______India______.
Tuvo una gran influencia en la causa de las misiones en el siglo XIX.

❖ **Para conversar.** Una de las frases famosas de Carey era: «Espera grandes cosas de Dios; intenta grandes cosas para Dios». ¿Qué opinas de esta afirmación? ¿Cómo se manifestó en la vida de Carey? ¿Cómo cambiaría tu vida si adoptaras ese tipo de perspectiva?

III. ADONIRAM JUDSON (1788-1850)

Adoniram Judson nació en ______Massachusetts______, justo doce años después de que Estados Unidos se independizara de Gran Bretaña.

- ▶ Aunque creció en un hogar de pastores, Judson se alejó de su educación cristiana cuando era estudiante universitario.

- ▶ Durante su estancia en la universidad, recibió la influencia de un amigo llamado Jacob Eames, que lo convenció para que abandonara el cristianismo y se convirtiera en un deísta, es decir, en un ateo práctico.

- ▶ En su vigésimo cumpleaños, en agosto de 1808, Judson dio la noticia a sus padres, para su gran consternación.

- ▶ Añadió que dejaba su casa para ir a Nueva York, donde pensaba trabajar como dramaturgo.

- ▶ Judson dijo que había terminado con Dios. Pero Dios no había terminado con él.

- ▶ Tiempo después, mientras viajaba por un pequeño pueblo, Judson se detuvo para pasar la noche en una posada. Mientras intentaba conciliar el sueño, escuchó el sonido de alguien muriendo en la habitación de al lado. La idea de la muerte le hizo dar vueltas en la cama; no podía dejar de pensar en la eternidad.

- ▶ Por la mañana, al salir, se enteró de que el hombre de la habitación de al lado había muerto. Para su sorpresa, Judson descubrió además que el fallecido no era otro que su amigo, Jacob Eames. El hombre que lo había convencido de convertirse en deísta estaba ahora muerto.

El Señor usó providencialmente ese evento para traer a Adoniram Judson de vuelta a Él. Cuatro años más tarde, en 1812, después de terminar el seminario, Judson se convertiría en uno de los primeros misioneros extranjeros que salieron de Norteamérica.

Se casó con su esposa, Ann, el 5 de febrero de 1812; y solo dos semanas después, los recién casados zarparon hacia la India.

Varios meses antes de casarse, en una conmovedora carta a su futuro suegro, Judson explicó el sacrificio que le pedía a su futura esposa. Aquí está parte de esa carta:

> **Adoniram Judson:** «Ahora tengo que preguntarle, ¿puede usted consentir en separarse de su hija a principios de la próxima primavera, para no verla más en este mundo; si puede usted consentir en su partida hacia una tierra pagana, y en su sujeción a las dificultades y sufrimientos de una vida misionera; si puede usted consentir en su exposición a los peligros del océano; a la influencia fatal del clima meridional de la India; a toda clase de necesidades y angustias; a la degradación, al insulto, a la persecución, y quizás a una muerte violenta? ¿Puede consentir todo esto por el bien de Aquel que dejó su hogar celestial, y murió por ella y por usted; por el bien de las almas inmortales que perecen; por el bien de Sion y la

gloria de Dios? ¿Puede consentir todo esto con la esperanza de encontrarse pronto con su hija en el mundo de la gloria, con una corona de justicia iluminada por las aclamaciones de alabanza, que redundarán hacia su Salvador, de los paganos salvados de la aflicción y la desesperación eternas a través de ella?».[3]

Armados con esa perspectiva celestial, los Judson zarparon hacia la India.

Pronto se encontraron con problemas económicos y perdieron el apoyo financiero de sus partidarios a los pocos meses de salir de Estados Unidos.

Luego, sus planes cambiaron inesperadamente cuando los problemas con sus visados en la India les obligaron a instalarse en Birmania.

Una vez allí, se enfrentaron a una severa barrera lingüística, que requirió años de intenso estudio del idioma para superarla.

Cuando por fin pudieron comunicarse, su mensaje fue recibido con relativa indiferencia por parte del pueblo, debido en parte a la sentencia de muerte imperial para cualquier persona condenada por cambiar de religión.

Después de doce años de trabajo, Judson y sus compañeros misioneros solo vieron dieciocho conversiones.

Además de la amenaza constante de enfermedades y dolencias, Judson también se enfrentó a graves amenazas por parte del gobierno.

- ▶ Sospechoso de ser un espía durante la guerra civil de Birmania, fue enviado a una prisión de muerte donde fue torturado y obligado a realizar una marcha de la muerte que casi lo mata.

- ▶ En total, pasó diecisiete meses entre rejas en duras condiciones mientras su esposa, Ann, hacía todo lo posible por conseguir su liberación.

Más doloroso que eso, Judson soportó el dolor de la pérdida unas dos docenas de ocasiones. Su esposa murió apenas unos meses después de salir de la cárcel. No sería el único miembro de la familia que murió durante su labor misionera.

- ▶ Entre 1812 y 1850, dos docenas de parientes o allegados de Judson partieron con el Señor, incluidos varios de sus hijos.

A pesar de todo, persiguió su objetivo de evangelizar al pueblo birmano y traducir la Biblia a su idioma.

Cuando murió, la obra de traducción se había completado, se habían plantado cien iglesias y ocho mil birmanos profesaban fe en el Señor Jesús.

Adoniram Judson y su familia hicieron enormes sacrificios por el evangelio. Desde una perspectiva mundana, algunos podrían preguntarse por qué se trasladaron lejos de las comodidades de sus raíces norteamericanas; soportaron el dolor del rechazo, el hambre, la tortura y la pérdida, e hicieron todo esto para llevar Buenas Nuevas a un público mayoritariamente antagónico.

Pero Judson estaba motivado por una perspectiva de la vida radicalmente diferente, en la que buscaba vivir cada día para la eternidad.

Mirando hacia atrás, por supuesto, vemos que los esfuerzos de Judson no fueron en vano.

Casi 150 años después de la muerte de Judson, en 1993, el director de la Fraternidad Evangélica de Myanmar declaró: «Hoy hay seis millones de cristianos en Myanmar, y cada uno de nosotros remonta su herencia espiritual a un hombre: el reverendo Adoniram Judson».[4]

IV. C.T. STUDD (1860–1931)

Charles Thomas Studd nació el 2 de diciembre de 1860 en el seno de una familia acomodada de Inglaterra. Dieciséis años más tarde, a través de la influencia de D. L. Moody, abrazó al Señor Jesucristo en fe salvadora.

Se marcharía a Cambridge, donde se convertiría en uno de los jugadores de críquet más conocidos de su época, famoso no solo en Gran Bretaña, sino en todo el mundo.

Cuando terminó su estancia en Cambridge, Charles se dio cuenta de que no quería seguir una carrera deportiva. Como él mismo dijo:

> «¿De qué valen toda la fama y los halagos... cuando un hombre se enfrenta a la eternidad?».[5]

> «Sé que el críquet no durará, y el honor no durará, y nada en este mundo durará, pero [vale] la pena vivir para el mundo que viene».[6]

> «¿Cómo podría gastar los mejores años de mi vida en trabajar para mí y para los honores y placeres de este mundo, cuando miles y miles de almas perecen cada día?».[7]

Armado con una perspectiva eterna y motivado por el deseo de servir a Cristo sin importar el costo, C. T. Studd dejó Inglaterra para servir como misionero en China, bajo la supervisión de Hudson Taylor.

Pasó una década en China, gran parte de ese tiempo trabajando en un centro de rehabilitación para adictos al opio, compartiendo el evangelio y viendo vidas transformadas por la gracia de Dios.

▶ Durante su estancia en China, se casó con su esposa, Priscilla, y juntos tuvieron cuatro hijas.

Tras pasar unos años en Inglaterra, la familia se trasladó a la India, donde Charles fue pastor de una iglesia local durante siete años.

▶ Aunque luchaba con un asma severa, a menudo permanecía despierto la mayor parte de la noche solo tratando de respirar, pero aun así predicaba fielmente el evangelio. Como resultado, muchas almas del sur de la India fueron ganadas para el Señor

Poco después, C. T. Studd se convenció de que Dios quería que llevara el evangelio al interior de África.

▶ Llegó al Congo Belga en 1913 y tuvo que enfrentarse a varios retos y dificultades. En un momento dado, contrajo un grave caso de malaria; en otra ocasión, se despertó una mañana para descubrir que una serpiente venenosa había estado durmiendo a su lado toda la noche.

Junto con sus compañeros misioneros estableció una serie de estaciones misioneras en el corazón de África, para llevar el evangelio a grupos tribales indígenas que nunca habían oído el nombre de Jesucristo.

Escribió más de doscientos himnos y tradujo el Nuevo Testamento a la lengua nativa.

C. T. Studd murió en África a la edad de setenta años, habiendo pasado casi toda su vida adulta en el servicio misionero: diez años en China, siete años en la India y aproximadamente veinte años en África. Gracias a su inquebrantable perseverancia, numerosas almas fueron alcanzadas con las Buenas Nuevas del evangelio.

Como te puedes imaginar, este tipo de trabajo misionero pionero era agotador. Pero la respuesta de Studd fue sencilla y sincera. Dijo: «Si Jesucristo es Dios y murió por mí, entonces ningún sacrificio puede ser demasiado grande para que yo lo haga por Él».[8]

Ese compromiso inquebrantable de servir a Cristo, sin importar el costo, es quizás el que mejor se capta en las palabras de un poema que escribió. Tal vez hayas escuchado estas palabras antes:

> Dos pequeñas líneas escuché un día,
> Viajando por el camino ocupado de la vida;
> Traían convicción a mi corazón,
> Y de mi mente no se apartarían;
> Solo una vida, pronto pasará,
> Solo lo que se hace por Cristo durará.
>
> Solo una vida, sí, solo una,
> Pronto sus horas fugaces terminarán;
> Entonces, en "ese día" me encontraré con mi Señor,
> Y estaré frente a su tribunal;
> Solo una vida, pronto pasará,
> Solo lo que se hace por Cristo durará.[9]

❖ **Para conversar.** Al leer las palabras del poema anterior, ¿qué te llama la atención? ¿Cómo esas palabras aportan claridad para una estructura de prioridades adecuada en la vida?

V. CONSIDERANDO EL LLAMADO

Incluso un breve estudio del movimiento misionero moderno es cautivador. Nuestros corazones deben ser conmovidos por los ejemplos de hombres y mujeres fieles que sacrificaron la comodidad terrenal en aras de la ganancia celestial. Gracias a sus esfuerzos, el evangelio ha avanzado hasta los confines de la tierra.

El poder detrás de este movimiento global fue el mismo poder detrás de la Reforma. El Espíritu de Dios utilizando su Palabra, traducida y predicada, para abrir los ojos y transformar los corazones. Como resultado, millones de personas de todo el mundo llegaron a creer en el Señor Jesús.

El fruto de la _______salvación_______ es enteramente una obra de Dios. Sin embargo, Él se sirve de instrumentos humanos para llevar a cabo sus propósitos de salvación (Romanos 10:9-15).

Justo antes del nacimiento de la Iglesia (en Hechos 2), Cristo ordenó a sus seguidores que fueran sus testigos hasta los confines de la tierra (Hebreos 1:8). En cada generación, los creyentes son llamados a ser fieles para cumplir el Gran Comisión (Mateo 28:18-20). Esta lección proporciona solo un vistazo a todo lo que Dios está haciendo alrededor del mundo.

Al reconocer la necesidad de enviar más misioneros, el célebre predicador británico Charles Spurgeon (1834–1892) instó a los estudiantes de su Colegio de Pastores a que consideraran la posibilidad de ministrar en el extranjero. El encargo que les hizo sirve como un desafío final apropiado para nosotros:

Charles Spurgeon: «Hoy abogo por aquellos que no pueden abogar por sí mismos, es decir, las grandes masas periféricas del mundo pagano. Nuestros púlpitos existentes están tolerantemente bien abastecidos, pero necesitamos hombres que construyan sobre nuevos cimientos. ¿Quién lo hará? ¿Estamos, como compañía de hombres fieles, claros en nuestras conciencias acerca de los paganos? Millones de personas nunca han oído el nombre de Jesús. Cientos de millones han visto a un misionero solo una vez en su vida, y no saben nada de nuestro Rey. ¿Dejaremos que perezcan?... Los peligros que entrañan las misiones no deberían alejar a ningún hombre verdadero, aunque fueran muy grandes, pero ahora se han reducido al mínimo. Hay cientos de lugares donde la cruz de Cristo es desconocida, a los que podemos ir sin riesgo. ¿Quién irá?».[10]

❖ **Para conversar.** ¿Has considerado alguna vez la posibilidad de trabajar como misionero en el extranjero, ya sea a corto o largo plazo? Si no, ¿por qué no? Si es así, ¿cómo pensaste en esa posibilidad?

LA BATALLA POR LA BIBLIA

Creyentes fieles ante el modernismo

PASAJE CLAVE: 2 Timoteo 3:16–17

Toda Escritura es inspirada por Dios y útil para enseñar, para reprender, para corregir, para instruir en justicia, a fin de que el hombre de Dios sea perfecto, equipado para toda buena obra.

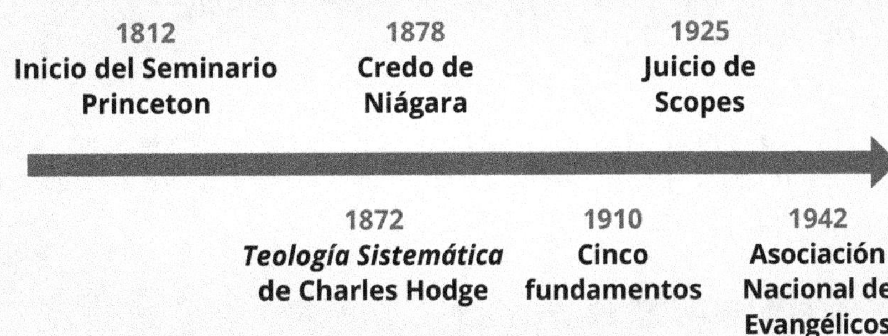

I. LA BIBLIA ES ATACADA

En los siglos XVII y XVIII, los fundamentos filosóficos de Europa comenzaron a cambiar. El auge del racionalismo (que hacía hincapié en la razón humana) y el empirismo (que se centraba en el método científico) empezaron a sustituir el tradicionalismo religioso que había prevalecido durante toda la Edad Media. Este cambio se conoce como la Ilustración o la Edad de la Razón.

Al principio, este movimiento estaba dirigido principalmente por filósofos y científicos cristianos. Pero pronto pasó a estar dominado por quienes afirmaban que la Biblia debía ser descartada. Armados con la razón y la ciencia, algunos pensadores de la Ilustración cuestionaron abiertamente la inspiración, la autoridad y la exactitud de las Escrituras.

Estos escépticos cuestionaron la veracidad de las Escrituras. Negaban los relatos bíblicos de acontecimientos sobrenaturales, argumentando que los milagros eran leyendas o coincidencias que podían explicarse como resultado de causas naturales.

También negaban la autoría original de muchas partes de las Escrituras. Por ejemplo, afirmaban que Moisés no escribió el Pentateuco, y enseñaban que los Evangelios no eran relatos históricos sobre la vida de Jesús.

Este ataque a la fiabilidad de la Biblia hizo que algunos cristianos profesos se cuestionaran si las Escrituras debían considerarse el fundamento de la fe cristiana. Algunos argumentaron que la base del cristianismo debía encontrarse en los sentimientos de dependencia hacia Dios; otros se fijaron en el activismo social y la influencia de la Iglesia en la sociedad.

Como resultado, surgió una nueva categoría en la historia de la Iglesia: la categoría de «cristianismo liberal» o «liberalismo teológico». En términos generales, el liberalismo rechazó la inspiración y la inerrancia de las Escrituras, y redefinió la misión de la Iglesia en términos de cuestiones como el activismo social.

A principios del siglo XX, el liberalismo teológico era predominante tanto en Europa como en Estados Unidos. Además de rechazar (1) la inerrancia de las Escrituras, muchos defensores del liberalismo también negaban (2) la deidad de Cristo, (3) los milagros registrados en la Biblia, (4) la expiación sustitutiva de la muerte de Jesús en la cruz y (5) la resurrección corporal de Cristo.

En respuesta a estos ataques, los cristianos creyentes en la Biblia de diversas denominaciones protestantes (bautistas, presbiterianos, metodistas, etc.) se unieron para defender las doctrinas fundamentales de la fe cristiana.

En la década de 1920, estos cristianos se conocieron como fundamentalistas, porque creían en las verdades fundamentales de las Escrituras y estaban dispuestos a contender seriamente por ellas (véase Judas 3-4).

En esta lección examinaremos la batalla ideológica que tuvo lugar a principios del siglo XX, especialmente en Estados Unidos, entre los modernistas, quienes eran teológicamente liberales, y los fundamentalistas, que eran creyentes en la Biblia.

❖ **Para conversar.** Vuelve a leer el pasaje clave de esta lección (2 Timoteo 3:16-17). ¿Qué afirma la Biblia de sí misma? ¿En qué se diferencia esa afirmación de los ataques escépticos de los teólogos liberales?

II. TEOLOGÍA DE PRINCETON

Cuando el liberalismo teológico comenzó a extenderse, a mediados del siglo XVIII el Señor levantó una formidable defensa en el Seminario Teológico de Princeton.

El Seminario de Princeton fue fundado en 1812 por Archibald Alexander (1772–1851), que fue el primero en servir como director de teología sistemática de la escuela.

Entre los miembros notables de la facultad del siglo XIX se encuentran:

► Charles Hodge (1797–1878) es más conocido por la Teología Sistemática que publicó en 1872. Hodge enseñó en Princeton durante más de cincuenta años. Durante ese tiempo, defendió incondicionalmente la fe cristiana de los ataques.

► A. A. Hodge (1823–1886) era hijo de Charles y llevaba el nombre del primer presidente del Seminario de Princeton, Archibald Alexander. Se convirtió en profesor de teología sistemática en el Seminario de Princeton cuando su padre murió en 1878. También defendió la doctrina de la inerrancia bíblica.

► Benjamin B. Warfield (1851–1921) sucedió a A. A. Hodge como profesor de teología sistemática en 1877. Fue un prolífico escritor y un ardiente defensor de las doctrinas fundamentales de la fe cristiana.

Cuando consideramos los tres pilares de la ortodoxia doctrinal que hemos estado rastreando a través de la historia de la Iglesia, los encontramos claramente defendidos por los teólogos de Princeton. Consideremos, por ejemplo, las siguientes citas de B. B. Warfield.

La verdadera Iglesia se caracteriza por su compromiso con:

1. La _______Palabra_______ **de Dios (en la Escritura).** La verdadera Iglesia considera únicamente la Escritura como su autoridad final. Los seguidores de Jesús se someten a Él, sometiéndose a su Palabra.

Warfield: «Cuando Pablo declara, entonces, que "toda Escritura", o "cada Escritura", es el producto del aliento divino, "es inspirada por Dios", afirma con toda la energía que podría emplear que la Escritura es el producto de una operación específicamente divina».[1]

«La Biblia es la Palabra de Dios de tal manera que cuando la Biblia habla, Dios habla».[2]

«Así, de todas las maneras posibles, la Iglesia ha dado su testimonio desde el principio, y todavía en nuestros días, de su fe en la confiabilidad divina de las Escrituras, en todas sus afirmaciones de cualquier tipo… la Iglesia siempre ha creído que sus Escrituras son el libro de Dios, del cual Dios fue en tal sentido su Autor, que cada una de sus afirmaciones, del tipo que sean, deben considerarse como expresiones de Dios de infalible verdad y autoridad».[3]

2. La __________obra__________ **de Dios (en la salvación).** La verdadera Iglesia entiende que los pecadores son justificados por la gracia de Dios a través de la fe, aparte de las obras. Reconocen que su salvación se basa enteramente en la obra terminada de Jesucristo, quien se levantó corporalmente de la tumba.

> **Warfield:** «No tenemos más que un Salvador; y ese único Salvador es Jesucristo nuestro Señor. Nada de lo que somos y nada de lo que podemos hacer entra en la más mínima medida en el terreno de nuestra aceptación con Dios. Jesús lo hizo todo».[4]

> «De la tumba vacía de Jesús los enemigos de la cruz se apartan con inconfundible consternación… ¡Cristo ha resucitado de entre los muertos! Después de dos mil años de los más decididos asaltos a la evidencia que lo demuestra, ese hecho se mantiene. Y mientras siga en pie, el cristianismo también debe mantenerse como la única religión sobrenatural».[5]

3. La __________adoración__________ **a Dios (en espíritu y verdad).** La verdadera Iglesia adora al Dios Trino (Padre, Hijo y Espíritu Santo) en pureza de devoción y pureza de doctrina. Esto incluye una clara afirmación de la deidad de Cristo.

> **Warfield:** «La deidad de Cristo está presente en cada página del Nuevo Testamento. Cada palabra que se habla de Él, cada palabra que se informa que Él dijo de sí mismo, se habla sobre la suposición de que Él es Dios. Y esa es la razón por la que la "crítica" que se dirige a eliminar el testimonio del Nuevo Testamento sobre la deidad de nuestro Señor se ha impuesto una tarea desesperada. Todo el Nuevo Testamento tendría que ser eliminado. Tampoco se puede ir detrás de este testimonio. Porque la deidad de Cristo es la presuposición de cada palabra del Nuevo Testamento».[6]

> «Si Cristo no hubiera resucitado no podríamos creer que es lo que declaró cuando "se hizo igual a Dios". Pero Él ha resucitado, confirmando todas sus afirmaciones. Solo por eso, pero por eso mismo, se manifiesta como el mismísimo Hijo de Dios, que ha venido al mundo para reconciliar al mundo consigo mismo. Es el hecho fundamental en la confianza inquebrantable del cristiano en "todas las palabras de esta vida"».[7]

❖ **Para conversar.** Uno de los principios de la fe cristiana que Warfield defendía era la historicidad de la resurrección de Cristo. Lee 1 Corintios 15:14-20. ¿Por qué la resurrección es tan esencial para la fe cristiana?

III. EL AUGE DEL FUNDAMENTALISMO

El término «fundamentalista» suele tener una connotación negativa en la cultura contemporánea. Pero como se ha señalado anteriormente, el fundamentalismo comenzó como un movimiento formado por cristianos ____creyentes en la Biblia____.

A finales del siglo XIX y principios del XX, este movimiento incluía a conocidos evangelistas como _____Dwight L. Moody_____ (1837–1899), _______C. I. Scofield_______ (1843–1921) y ______Billy Sunday______ (1882–1935).

El movimiento también estaba asociado a varias conferencias bíblicas, como la Conferencia Bíblica de Niágara (que se reunió anualmente entre 1876 y 1897). En 1878, un grupo de eruditos asociados a esta conferencia articuló catorce principios doctrinales que esbozaban las creencias cristianas básicas. Estos catorce puntos constituyeron el «Credo del Niágara».

Otros grupos crearon declaraciones o credos similares, en un esfuerzo por salvaguardar las doctrinas bíblicas esenciales frente a la creciente influencia del liberalismo.

En 1910, la Asamblea General de la Iglesia Presbiteriana identificó «cinco fundamentos». Estas doctrinas fundamentales incluían:

1. La inerrancia de las Escrituras.

2. El nacimiento virginal y la deidad de Jesucristo.

3. La expiación sustitutiva de la muerte de Cristo.

4. La resurrección corporal de Cristo.

5. La autenticidad de los milagros de Cristo.

Ese mismo año, un empresario presbiteriano llamado Lyman Stewart financió la publicación de *Los Fundamentos: Un testimonio de la verdad.*

Los Fundamentos constaba de noventa ensayos escritos por sesenta y cuatro autores de varias denominaciones. Se publicaron en doce entregas entre 1910 y 1915.

Los propios artículos ampliaban los cinco fundamentos y reforzaban la postura fundamentalista contra el modernismo y los ataques escépticos a las Escrituras.

Al leer *Los Fundamentos,* queda claro que los fundadores del fundamentalismo defendían la autoridad de las Escrituras. He aquí tres ejemplos:

Los Fundamentos: «La Palabra viva seguirá siendo la compañera de discernimiento de todos los que recurren a ella en busca de la ayuda que no se puede obtener en otro lugar de este mundo de los moribundos. Al acudir a la Biblia, nunca pensamos que nos remontamos a un libro del pasado lejano, a una cosa de la antigüedad; sino que acudimos a ella como a un libro del presente: un libro vivo. Y así es, viviendo en el poder de una vida sin fin, y capaz de edificarnos y darnos una herencia entre todos los santificados».[8]

«Lutero dijo que estudiaba la Biblia como si estuviera recolectando manzanas. Primero, sacudía todo el árbol para que las más maduras cayeran. Luego, trepaba al árbol y sacudía cada rama, y cuando había sacudido cada rama, sacudía cada pámpano, y después de cada pámpano, miraba debajo de cada hoja. Busquemos en la Biblia como un todo; sacude todo el árbol; léela tan rápidamente como lo harías con cualquier otro libro; luego sacude cada rama, estudiando libro tras libro. Luego sacude cada pámpano, prestando atención a los capítulos sin perder el contexto. Después sacude cada rama mediante el estudio cuidadoso de los párrafos y las frases, y serás recompensado, si miras debajo de cada hoja, buscando el sentido de las palabras».[9]

«No sabemos el día ni la hora en que el Señor vendrá o nos llamará de aquí; y queremos estar preparados, tanto en lo que respecta a la pureza de carácter como a la cultura cortesana de la ciudad celestial. Deseamos estar familiarizados con la historia de la redención y con los misterios del reino. No queremos aparecer como un extraño incómodo en la casa de luz de nuestro Padre. Solo podemos conseguir esta santificación de carácter y la cultura de la vida y las costumbres mediante la familiaridad y la comunión constantes con Dios y los santos a través de la Palabra… La Palabra de Dios es un mapa que marca todas las rocas y arrecifes en el mar de la vida; si prestamos atención y navegamos en nuestra frágil barca a través de él, llegaremos seguros al puerto del descanso».[10]

Aquellos que abrazaron los cinco fundamentos, y que estaban dispuestos a luchar por esas verdades doctrinales, llegaron a ser conocidos como «fundamentalistas».

A Curtis Lee Laws se le atribuye el uso del término por primera vez. Él era el editor de *The Watchman Examiner* (esta revista no se encuentra en español, pero su título puede traducirse como *El examinador vigilante*), y en la edición del 1 de julio de 1920, escribió: «Sugerimos que aquellos que todavía se aferran a los grandes fundamentos y que tienen la intención de luchar arduamente por los fundamentos sean llamados "fundamentalistas"».

❖ **Para conversar.** El término «fundamentalista» tiene una connotación negativa en el uso contemporáneo. Pero históricamente se refería a los cristianos que creían en la Biblia y estaban dispuestos a luchar por su verdad. Lee Judas 1—4. A la luz de ese pasaje, ¿cómo evaluarías el primer movimiento fundamentalista?

IV. FUNDAMENTALISMO VS. MODERNISMO

A principios del siglo XX se libró una batalla ideológica dentro de las principales denominaciones estadounidenses entre los cristianos creyentes en la Biblia y aquellos que eran teológicamente liberales. Es lo que se conoce como la controversia «Fundamentalista-Modernista».

Esa controversia fue especialmente acalorada en los círculos presbiterianos. El conflicto comenzó a gestarse cuando varios profesores de seminarios presbiterianos fueron destituidos por negar la doctrina de la inerrancia bíblica.

En 1922, Harry Emerson Fosdick, un ministro bautista liberal, predicó un sermón en la Primera Iglesia Presbiteriana de Nueva York titulado: «¿Van a ganar los fundamentalistas?». Insistió categóricamente en que no debían hacerlo.

Catorce años más tarde, en 1936, J. Gresham Machen (1881–1937) abandonó la Iglesia Presbiteriana de Estados Unidos (PCUSA, por sus siglas en inglés) para fundar la Iglesia Presbiteriana Ortodoxa (OPC, por sus siglas en inglés). Machen fue uno de los últimos teólogos conservadores en enseñar en el Seminario de Princeton. Cuando Princeton se volvió cada vez más favorable al liberalismo, Machen se fue.

Esta controversia dentro de los círculos presbiterianos era representativa de lo que ocurría en todo el cristianismo estadounidense. Como resultado de estas luchas, el protestantismo estadounidense se dividió en «protestantes principales», por un lado, y «fundamentalistas», por el otro.

La opinión pública contra el fundamentalismo aumentó a raíz del Juicio del Mono Scopes de 1925.

- ► John T. Scopes (profesor sustituto de biología en la escuela secundaria de Tennessee) fue acusado de enseñar la teoría de la evolución en una escuela pública, lo que violaba la ley del estado de Tennessee.

- ► La acusación fue dirigida por William Jennings Bryan, tres veces candidato a la presidencia. El abogado defensor, Clarence Darrow, también era muy conocido, lo que atrajo la atención nacional al juicio.

- ► Aunque Scopes fue declarado culpable, el propio juicio generó una publicidad negativa para los fundamentalistas (y sus puntos de vista creacionistas), que se percibían como anticuados y contrarios al progreso científico.

Lamentablemente, tanto en las denominaciones principales como en el tribunal de la opinión pública, el fundamentalismo comenzó a perder apoyo. Parecía que los cristianos creyentes en la Biblia estaban siendo marginados en la sociedad estadounidense.

Al abandonar las denominaciones principales, los fundamentalistas crearon nuevas organizaciones como la Iglesia Presbiteriana Ortodoxa (OPC, por sus siglas en inglés), la Iglesia Presbiteriana en América (PCA, por sus siglas en inglés), la Asociación Bautista Conservadora de América (CBAmerica, por sus siglas en inglés) y la Asociación General de Iglesias Bautistas Regulares (GARBC, por sus siglas en inglés).

❖ **Para conversar.** Uno de los desafíos a los que se enfrentaron los fundamentalistas durante este tiempo fue decidir cuándo separarse de una denominación que se estaba deslizando hacia el liberalismo teológico. Lee 2 Corintios 6:14-18. ¿Qué enseña ese pasaje sobre la separación de los incrédulos y apóstatas? ¿Cómo crees que esos versículos fueron interpretados y aplicados por los líderes fundamentalistas en los años 1920 y 1930?

V. EL AUGE DEL NUEVO EVANGELICALISMO

En la década de 1940, un grupo de cristianos creyentes en la Biblia trató de distanciarse del fundamentalismo. En particular, les preocupaba que el movimiento fundamentalista fuera conocido por sus luchas internas y su antintelectualismo.

Este grupo comenzó a identificarse como «nuevos evangélicos», o más tarde simplemente como «evangélicos». En 1942, establecieron una organización llamada __________ Asociación Nacional de Evangélicos __________.

Estos primeros evangélicos afirmaban abiertamente su creencia en la inspiración e inerrancia de la Biblia, la deidad de Cristo, su muerte expiatoria en la cruz y su resurrección corporal de la tumba. Sin embargo, insistieron en que su tono debía ser más amable que el de los primeros fundamentalistas.

En los años 50 y 60, un predicador llamado Billy Graham (1918–2018) se convirtió en un evangelista popular. Aunque Graham creció en círculos fundamentalistas, su disposición a asociarse con teólogos liberales y católicos romanos en sus cruzadas evangelísticas hizo que muchos fundamentalistas se separaran de Graham. En cambio, muchos evangélicos estadounidenses veían a Graham como un portavoz de su movimiento.

En los años 70 y 80, los evangélicos se involucraron cada vez más en la política estadounidense. Como resultado, el movimiento evangélico en Estados Unidos se asocia a menudo con ciertas plataformas políticas. Esto puede resultar confuso tanto para quienes están fuera como dentro del evangelismo.

El término __________ evangélico __________ viene de la palabra griega para __________ «evangelio» __________. Si los evangélicos han de ser fieles tanto a su nombre como a su herencia, no deben olvidar centrarse en la proclamación precisa y audaz de las Buenas Nuevas de Jesucristo.

En su búsqueda de influencia, los evangélicos han comprometido a veces su fidelidad a la verdad bíblica. Con demasiada frecuencia, el éxito se mide en términos de números o de popularidad, más que en términos de fidelidad a Dios.

Al mismo tiempo, podemos estar agradecidos por las muchas iglesias, en todo el mundo, que han sido fieles en honrar la Palabra de Dios y contender seriamente por la fe. Han abrazado su herencia evangélica en su sentido más auténtico, defendiendo la verdad mientras proclaman el evangelio de Jesucristo a un mundo necesitado.

❖ **Para conversar.** ¿Qué te viene a la mente cuando escuchas el término «evangélico»? Dado que proviene de la palabra griega que significa «evangelio» o «buenas noticias», ¿cómo debería definirse el evangelicalismo?

VI. MANTENIÉNDOSE FIRME EN ESTA GENERACIÓN

Para que los evangélicos se mantengan firmes en esta generación deben fundamentar sus convicciones en los pilares doctrinales articulados por el Nuevo Testamento.

- ► Primero, debemos aferrarnos a la autoridad de la Palabra de Dios sin vacilar. El compromiso de los reformadores con la «sola Escritura» debe ser también nuestro compromiso.

    Sostener doctrinas como la inspiración, la inerrancia y la suficiencia de las Escrituras puede hacernos poco populares.

    Pero si nuestro objetivo es la *fidelidad*, la elección entre honrar a Dios y complacer a los hombres es clara (Hechos 5:29).

    Esta lección se titula «La batalla por la Biblia». El fundamentalismo histórico contendió seriamente por la verdad de las Escrituras, frente a los ataques liberales.

    La herencia del evangelicalismo (que se remonta a la Reforma y a épocas anteriores) está igualmente arraigada en un compromiso con la autoridad y la suficiencia de la Palabra de Dios.

    Si queremos ser fieles, también debemos mantener nuestra posición en la verdad de la Palabra de Dios.

- ► Segundo, debemos contender por la pureza del evangelio. Los pecadores son salvados solo por la gracia a través de la fe, con base únicamente en la obra terminada de Cristo.

    Nuestro amor por Cristo debe motivar nuestro testimonio al mundo.

    A veces, nuestro compromiso con la verdad del evangelio significará que no podemos aprobar o asociarnos con grupos o movimientos que distorsionan el evangelio (Gálatas 1:6-9).

    La claridad del evangelio es lo que el mundo que nos rodea necesita desesperadamente. En una época en la que se nos dice que la verdad es relativa y que todos los sistemas de creencias son igualmente válidos, se requiere valor evangélico para proclamar el mensaje exclusivo de la salvación a través de Jesucristo. Pero ese es precisamente el mensaje que la gente necesita oír.

    Hechos 4:12 *Y en ningún otro hay salvación, porque no hay otro nombre bajo el cielo dado a los hombres, en el cual podamos ser salvos.*

- ► Finalmente, debemos hacer todo esto como un acto de adoración solo para la gloria de Dios.

    En términos doctrinales, buscamos en la Palabra de Dios para entender quién es Él, de modo que podamos adorarle con precisión. La verdad de las Escrituras debe gobernar tanto nuestra devoción privada como nuestra adoración colectiva.

    Por lo tanto, las iglesias deberían recurrir a la Palabra de Dios para determinar la forma en que dirigen sus servicios, en lugar de ceder a las tendencias impulsadas por el entretenimiento. Como se ha señalado anteriormente, el objetivo debe ser la *fidelidad*, no la popularidad.

    En lo moral, buscamos obedecer los mandamientos por amor a Él. Queremos que toda nuestra vida sea un acto de adoración aceptable (Romanos 12:1-2).

Como discutimos en la lección 1, deseamos caracterizarnos por un correcto entendimiento de la Palabra de Dios, la obra de Dios y la adoración a Dios.

Armados con convicciones bíblicas, podemos mantenernos firmes en esta generación de la historia de la Iglesia. Reconocemos que la fuerza para hacerlo no se origina en nosotros. Se encuentra en Cristo.

Él es tanto el Señor de la Iglesia como el Señor de la historia. A Él sea la gloria por los siglos de los siglos. Amén.

❖ **Para conversar.** ¿Cómo pueden los cristianos mantenerse firmes en esta generación? ¿Cuál es una lección que has aprendido de tu estudio de la historia de la Iglesia?

NOTAS

Nota del traductor: a menos que se indique lo contrario, el contenido de las citas bibliográficas enlistadas a continuación pertenecientes a personajes históricos es traducción de la versión en inglés de este manual.

INTRODUCCIÓN

1. Esta sección es una adaptación de un capítulo de *Right Thinking in a Church Gone Astray* [Pensamiento correcto en una iglesia descarriada], © 2017 por Nathan Busenitz. Publicado por Harvest House Publishers, Eugene, OR. www.harvesthousepublishers.com. Usada con permiso.

LECCIÓN 1

1. Para más información sobre este tema, véase Nathan Busenitz, «El fundamento y la columna de la fe: El testimonio de la Pre-Reforma: Historia de la doctrina de la Sola Scriptura», en *El pastor y la inerrancia bíblica*, ed. John MacArthur (Weston, FL: Nivel Uno, 2019).

2. Ireneo, *Against Heresies* [Contra las herejías], 3.1.1. Traducción al inglés de *Ante-Nicene Fathers*, eds. Alexander Roberts y James Donaldson, 10 vols. (Reimpresión, Peabody, MA: Hendrickson, 1994), 1:414. En adelante *ANF*.

3. Basilio, *On the Holy Spirit* [Sobre el Espíritu Santo], 66. Traducción al inglés de *Nicene and Post-Nicene Fathers*, Second Series, eds. Philip Schaff y Henry Wace, 14 vols. (Reimpresión, Peabody, MA: Hendrickson, 1994), 8:229. En adelante *NPFN2*.

LECCIÓN 3

1. Clemente, «Primera carta de Clemente a los Corintios», 32, en *Obras escogidas de los Padres Apostólicos*, ed. Alfonso Ropero (Viladecavalls, España: Clie, 2018), 133.

2. Ignacio, «Carta a los Magnesios», 9, en *Obras escogidas de los Padres Apostólicos*, 183.

3. Véase Bruce Shelley, *Church History in Plain Language* [Historia de la Iglesia en lenguaje sencillo], 3ª ed. (Nashville: Thomas Nelson, 2008), 70.

4. Policarpo, *Epistle to the Philippians* [Epístola a los Filipenses], 1. Traducción al inglés de Michael W. Holmes, *The Apostolic Fathers: Greek Texts and English Translations* [Los padres apostólicos: textos griegos y traducciones en inglés], 3ª ed. (Grand Rapids: Baker Academic, 2007), 281. En adelante, *AF*. Nótese que los pronombres divinos se han puesto en mayúsculas para mantener la coherencia del formato. Véase *ANF* 1:33.

5. Policarpo, *Epistle to the Philippians* [Epístola a los Filipenses], 2.1. Traducción al inglés de *AF* 283. Véase *ANF* 1:33.

6. Policarpo, *Epistle to the Philippians* [Epístola a los Filipenses], 6.3. Traducción al inglés de *AF* 289. Véase *ANF* 1:34.

7. Policarpo, *Epistle to the Philippians* [Epístola a los Filipenses], 8.1-2. Traducción al inglés de *AF* 289-91. Véase *ANF* 1:35.

8. Policarpo, *Epistle to the Philippians* [Epístola a los Filipenses], 10.1. Traducción al inglés de *AF* 291. Véase *ANF* 1:35.

9. *El martirio de Policarpo*, 9, en *Obras escogidas de los Padres Apostólicos*, 241. Véase también *ANF* 1:41.

10. *El martirio de Policarpo*, 19. En *Obras escogidas de los Padres Apostólicos*, 245. Véase también ANF 1:43.

11. *The Didache* [La Didajé], 1.1-2. Traducción al inglés de *AF* 345. Véase también *Obras escogidas de los Padres Apostólicos*, 93.

12. *The Didache* [La Didajé], 2.1-2. Traducción al inglés de *AF* 347. Véase también *Obras escogidas de los Padres Apostólicos*, 95.

13. *Epistle to Diognetus* [Epístola a Diogneto], 9.2-6. Traducción al inglés de *ANF* 1:28. Véase también *Obras escogidas de los Padres Apostólicos*, 298-99.

LECCIÓN 4

1. Justino, *First Apology* [Primera Apología], 67. Traducción al inglés de *ANF* 1:186. Véase también *Obras escogidas de Justino Mártir*, Ed. Alfonso Ropero (Viladecavalls, España: Clie, 2018), 147-48.

2. Ireneo, *Against Heresies* [Contra las herejías], 3.1.1. Traducción al inglés de *ANF* 1:414. Véase también *Obras escogidas de Ireneo de Lyon*, Ed. Alfonso Ropero (Viladecavalls, España: Clie, 2018), 292.

3. Ireneo, *Against Heresies* [Contra las herejías], 3.4.1-2. Traducción al inglés de *ANF* 1:417. Véase también *Obras escogidas de Ireneo de Lyon*, 298-99.

4. Tertuliano, *Prescription Against Heresies* [Prescripción contra las herejías], 7. Traducción al inglés de *ANF* 3:246.

LECCIÓN 5

1. Gregorio de Nisa, *On the Holy Trinity, and of the Godhead of the Holy Spirit* [Sobre la santísima Trinidad y la divinidad del Espíritu Santo]. Traducción al inglés de *NPFN2* 5:327.

2. Plinio, *Letters* [Cartas], 10.96-97. Carta al emperador Trajano.

3. Ignacio, *Letter to the Ephesians* [Carta a los Efesios], 18.2. Traducción al inglés de *AF* 197. Véase también Carta a los Efesios, 19.3; Ignacio, Carta a los Romanos, 3.3; Ignacio, Carta a los Esmirnenses, 1.1. Para encontrar varias de las citas patrísticas de esta sección, estoy en deuda con John Ankerberg y John Weldon, *Knowing the Truth about the Trinity* [Conociendo la verdad acerca de la Trinidad] (Chattanooga, TN: ATRI Publishing, 2011). Véase también *Obras escogidas de los Padres Apostólicos*, 175.

4. Ignacio, *Letter to Polycarp* [Carta a Policarpo], 3.2. Traducción al inglés de *AF* 265. Véase también *Obras escogidas de los Padres Apostólicos*, 222.

5. Policarpo, *Philippians* [Filipenses] 12:2. Traducción al inglés de *AF* 295.

6. *Epistle of Barnabas* [Epístola de Bernabé], 5.5. Traducción desde *AF* 393. Véase también *Obras escogidas de los Padres Apostólicos*, 257.

7. Justino Mártir, *Dialogue with Trypho* [Diálogo con Trifón], 36. Traducción al inglés de *ANF* 1:212.

8. Justino Mártir, *Dialogue with Trypho* [Diálogo con Trifón], 63; *ANF* 229. Véase también Justino Mártir, *First Apology* [Primera Apología], 63; Justino Mártir, *Dialogue with Trypho* [Diálogo con Trifón], 126.

9. Tatiano, *Address to the Greeks* [Discurso a los griegos], 21. Traducción al inglés de *ANF* 2:74.

10. Melito, *Fragments* [Fragmentos], 5. Traducción al inglés de *ANF* 8:757.

11. Ireneo, *Against Heresies* [Contra las herejías], 3.19.2. Traducción al inglés de *ANF* 1:449.

12. Ireneo, *Against Heresies* [Contra las herejías], 1.10.1. Traducción al inglés de *ANF* 1:330.

13. Ireneo, *Against Heresies* [Contra las herejías], 4.5.2. Traducción al inglés de *ANF* 1:467.

14. Ireneo, *Against Heresies* [Contra las herejías], 4.6.7. Traducción al inglés de *ANF* 1:469.

15. Clemente de Alejandría, *Exhortation to the Heathen* [Exhortación a los paganos], 1. Traducción al inglés de *ANF* 2:173.

16. Tertuliano, *Treatise on the Soul* [Tratado sobre el alma], 41. Traducción al inglés de *ANF* 3:221.

17. Tertuliano, Apology [Apología], 21. Traducción al inglés de *ANF* 3:34-35.

18. Cayo, *Fragments* [Fragmentos], 2.1. Traducción al inglés de *ANF* 5:601.

19. Tomado de Wayne Grudem, *Teología Sistemática: Una introducción a la doctrina bíblica* (Vida, 2007), 1232.

LECCIÓN 6

1. Agustín, *The Spirit and the Letter* [El espíritu y la letra], 13 (22). *PL* 44.214-15. Traducción al inglés de *Nicene and Post-Nicene Fathers* [Padres Nicenos y posnicenos], First Series, ed. Philip Schaff, 14 vol. Philip Schaff, 14 vol. (Reimpresión, Peabody, MA: Hendrickson, 1994), 5:93. En adelante, *NPFN1*.

2. Agustín, *To Simplician—On Various Questions,* [A Simplicio—Sobre varias cuestiones], 1.2.5. Traducción al inglés de Burleigh, *Augustine: Earlier Writings* [Agustín: Escritos tempranos] (Louisville: Westminster John Knox, 1953), 389. Véase también Agustín, *Epistle* [Epístola] 194.3.7.

3. Agustín, *Exp. prop. Rom.* 20. Traducción al inglés de Oden, *The Justification Reader* [El lector de la justificación] (Grand Rapids: Eerdmans, 2002), 145.

4. Agustín, C. *du. ep. Pelag.* 1.21.39. Traducción al inglés de Elowsky, *We Believe in the Holy Spirit* [Creemos en el Espíritu Santo] (Downers Grove, IL: InterVarsity Press, 2009), 96.

5. Agustín, *Enarrat. Ps.,* 31.7. Traducción al inglés de John E. Rotelle, *Expositions of the Psalms 1-32* [Exposición de los Salmos 1-32] (Hyde Park: New City Press, 2000), 11.370.

6. Agustín, *Enarrat. Ps.,* 55.12 [56.11]. Traducción al inglés de *NPFN1* 8:222. Versión en inglés actualizada para mayor claridad.

7. Agustín, *Letters* [Cartas], 214.3. Traducción al inglés de Bray, *1-2 Corinthians, Ancient Christian Commentary on Scripture: New Testament* [1-2 Corintios, Antiguos Comentarios Cristianos a las Escrituras: Nuevo Testamento] (Downers Grove, IL: InterVarsity, 1999), 39.Cp. Agustín, *Letters* [Cartas] 204-270, *Fathers of the Church* [Padres de la Iglesia]. Traducción al inglés de Wilfrid Parsons (Washington, DC: The Catholic University of America Press, 1981), 60.

8. Agustín, *Letters* [Cartas], 214.4. Traducción al inglés de *NPFN1* 5:438. Véase también Agustín, *Gest. Pelag.* 14.34.

9. Para una discusión extensa sobre este punto, véase Nathan Busenitz, *Long before Luther* [Mucho antes de Lutero] (Chicago: Moody, 2017).

10. Agustín, *Letters* [Cartas], 82.3. Para un análisis más detallado de las citas patrísticas relacionadas con la Escritura, véase William Webster, *Holy Scripture: The Ground and Pillar of Our Faith* [La Santa Escritura: fundamento y columna de nuestra fe], vol. 2 (Battle Ground, WA: Christian Resources, 2001).

11. Agustín, *Sermons* [Sermones], 23.3. Traducción al inglés de Peter Gorday, ed., *Colossians, 1–2 Thessalonians, 1–2 Timothy, Titus, Philemon* [Colosenses, 1-2 Tesalonicenses, 1-2 Timoteo, Tito, Filemón]. *Ancient Christian Commentary on Scripture: New Testament.* [Antiguos Comentarios Cristianos a las Escrituras: Nuevo Testamento] (Downers Grove, IL: InterVarsity Press, 2000), comentario a 2 Timoteo 3:16.

12. Agustín, *Letters* [Cartas], 28.3, a Jerónimo. Traducción al inglés de *NPFN2* 1:251-252.

13. Agustín, *The City of God* [La ciudad de Dios], 11.3. Traducción al inglés de *NPFN1* 2.206.

14. Agustín, *The City of God* [La ciudad de Dios], 21.6.1.

15. Por ejemplo, Agustín escribe: «Porque los razonamientos de cualquier hombre, aunque sea [cristiano], y de alta reputación, no deben ser tratados por nosotros de la misma manera que se tratan las Escrituras canónicas. Estamos en libertad, sin violar el respeto que estos hombres merecen, de condenar y rechazar cualquier cosa en sus escritos, si acaso encontramos que han sostenido opiniones que difieren de lo que otros o nosotros mismos, con la ayuda divina, hemos descubierto que es la verdad. Yo trato así los escritos de otros, y deseo que mis inteligentes lectores traten así los míos». Agustín, *Letters* [Cartas], 148.15.

16. Agustín, *Reply to Faustus* [Respuesta a Fausto], 11.5.

17. Agustín, *The Unity of the Church* [La unidad de la Iglesia], 3; citado de Martin Chemnitz, *An Examination of the Council of Trent* [Un examen del Concilio de Trento], 4 vols. traducción de Fred Kramer (St. Louis: Concordia, 1971), 1.157.

18. Agustín, *The Unity of the Church* [La unidad de la Iglesia], 3; citado por Chemnitz, en *An Examinatin of the Council of Trent* [Examen del Concilio de Trento], 1.157.

19. Agustín, Contra *Maximin. Ariano* [Contra Maximino. Arriano]. 2.14. Traducción desde *NPFN1* 8.704. Ver también George Salmon, *The Infallibility of the Church* [La infalibilidad de la Iglesia] (Grand Rapids: Baker Book House, 1959), 295.

20. Agustín, *On Christian Doctrine* [Sobre la doctrina cristiana], 2.9.

21. Agustín, *On the Good of Widowhood* [Sobre el bien de la viudez], 2. Traducción desde *NPFN1* 3.442.

22. Juan Crisóstomo, *Hom. Rom.* 7 (sobre Romanos 3:27). Traducción desde *NPFN1* 11.379.

23. Juan Crisóstomo, *Hom. Rom.* 9 (sobre Romanos 5:2). Traducción desde *NPFN1* 11.396. Versión en inglés ligeramente actualizada.

24. Juan Crisóstomo, *Hom. Ef.* (sobre Efesios 2:8). Traducción al inglés de Oden, *The Justification Reader* [El lector de la justificación], 44.

25. Juan Crisóstomo, *Hom. Col.* 5 (sobre Colosenses 1:26-28). Traducción al inglés de Elowsky, *We Believe in the Holy Spirit* [Creemos en el Espíritu Santo], 98. Cf. *NPFN1* 13.280.

26. Juan Crisóstomo, Hom. 1 Tim. (sobre 1 Timoteo 1:15-16). Traducción al inglés de Elowsky, *We Believe in the Holy Spirit* [Creemos en el Espíritu Santo], 98.

27. Juan Crisóstomo, *Homily on John 17:17* [Homilía sobre Juan 17:17]. Traducción al inglés de Elowsky, Juan 11—21, *Ancient Christian Commentary on Scripture* [Antiguos Comentarios Cristianos a las Escrituras], 252.

28. Juan Crisóstomo, «Concerning the Statutes» [Sobre los estatutos], *Homily* [Homilía] 1.14.

29. Juan Crisóstomo, «2 Timothy» [2 Timoteo], *Homily* [Homilía] 9.

30. Juan Crisóstomo, *Against Marcionists and Manicheans* [Contra marcionistas y maniqueos], 1.

LECCIÓN 7

1. Tomado de Grudem, *Teología Sistemática*, 1232. Véase también The Nicene Creed [El Credo de Nicea]. Traducción al inglés adaptada de Nichols, *For Us and For Our Salvation* [Por nosotros y nuestra salvación], 96.

2. Extracto del Credo Niceno Ampliado. Traducción al inglés adaptada por Thomas Richey, *The Nicene Creed and the Filioque* [El credo niceno y el filioque] (Nueva York: E. & J. B. Young, 1884), 33.

3. The Chalcedonian Creed [El Credo de Calcedonia]. Traducción al inglés adaptada en *The Catechism of the Catholic Church* [El catecismo de la Iglesia católica], Second Edition (Nueva York: Doubleday, 2012), 467. Para más información sobre Calcedonia, véase Richard Price y Mary Whiby, *Chalcedon in Context* [Calcedonia en contexto] (Liverpool: University of Liverpool, 2009).

LECCIÓN 8

1. Anselmo, *Cur Deus hom.*, 2.21. *PL* 158.430. Traducción al inglés de Janet Fairweather. En *Anselm of Canterbury: The Major Works* [Anselmo de Caterbury: Las obras mayores], editado por Brian Davies y G. R. Evans (Oxford: Oxford University Press, 1998), 354.

2. Anselmo, *Meditatio 9. PL* 158.757. Traducción al inglés de *Meditations and Prayers to the Holy Trinity and our Lord Jesus Christ* [Meditaciones y oraciones a la Santa Trinidad y a nuestro Señor Jesucristo], traducido al inglés por E. P. B. (Oxford: John Henry Parker, 1856, 83-84). Versión en inglés actualizada para mayor claridad.

3. Anselmo, Meditatio 9. *PL* 158.865. Traducción al inglés de *Meditations and Prayers* [Meditaciones y Oraciones], 187-88. Versión en inglés actualizada para mayor claridad.

4. Atribuido a Anselmo de Canterbury, *Admon. mor. PL* 158:686-687. Traducción al inglés de *Meditations and Prayers* [Meditaciones y Oraciones], 275-77. Versión en inglés actualizada para mayor claridad. Aunque no sea de Anselmo directamente, este intercambio ilustra el corazón de un autor cristiano del siglo XII o XIII.

5. Bernardo de Claraval, *Fest. omn. sanct.* 1.11. *PL* 183.459. Traducción al inglés de George Stanley Faber, *The Primitive Doctrine of Justification Investigated* [Investigación de la doctrina primitiva de la justificación], 2ª ed. (Londres: Seely and Burnside, 1839), 185.

6. Bernardo de Claraval, *Serm. Cant.* 50.2. *PL* 183.1021. Traducción al inglés de *Honey and Salt: Selected Spiritual Writings of Saint Bernard of Clairvaux* [Miel y sal: selección de escritos espirituales de Bernardo de Claraval], ed. John F. Thornton y Susan B. Varenne. John F. Thornton y Susan B. Varenne (Nueva York: Random House, 2007), 170.

7. Bernardo de Claraval, *Serm. Cant.* 2.8. *PL* 183.793. Traducción al inglés adaptada por Pedersen, «The Significance of the Sola Fide and the Sola Gratia in the Theologies of Bernard of Clairvaux (1090-1153) and Martin Luther (1483-1546)», [La importancia de la Sola Fide y la Sola Gratia en las teologías de Bernardo de Claraval (1090-1153) y Martín Lutero (1483-1546)] en línea en: https://web.augsburg.edu/~mcguire/ EMWPedersen_Bernard_Luther.pdf (revisado el 27 de febrero de 2020), 11.

8. Bernardo de Claraval, Epist. 190.6. *PL* 182.1065. Traducción al inglés de John Mabillon, ed., *Life and Works of Saint Bernard, Abbot of Clairvaux* [Vida y Obras de San Bernardo, Abad de Claraval], Traducción al inglés de Samuel J. Eales (Londres: John Hodges, 1889), 2:580-581.

9. Bernardo de Claraval, *Serm. Cant.* 22.8. *PL* 183.881. Traducción al inglés adaptada de Franz Posset, *Pater Bernhardus: Martin Luther and Bernard of Clairvaux* (Collegeville, MN: Cistercian Publications, 2000), 186.

10. Bernardo, tal y como lo registra Guillermo de San Thierry, *S. Bern. vit. prim.* 1.12. *PL* 185.258. Traducción al inglés de Alban Butler, *The Lives of the Fathers, Martyrs, and Other Principal Saints* [Vidas de los padres, mártires, y otros santos importantes], vol. 8 (Dublín: James Duffy, 1845), 231. Versión en inglés actualizada para mayor claridad.

LECCIÓN 9

1. John Wycliffe, *Truth and Meaning of Scripture* [La verdad y el significado de la Escritura], citado en *Life and Times of John Wycliffe* [La vida y los tiempos de John Wycliffe] (Londres: Religious Tract Society, 1884), 116-17.

2. John Wycliffe, *Truth and Meaning of Scripture* [La verdad y el significado de la Escritura], citado en *Life and Times of John Wycliffe* [La vida y los tiempos de John Wycliffe], 129-30.

3. John Wycliffe, *Truth and Meaning of Scripture* [La verdad y el significado de la Escritura], citado en *Life and Times of John Wycliffe* [La vida y los tiempos de John Wycliffe], 117.

4. John Wycliffe, *How the Office of Curates Is Ordained by God* [Cómo Dios ha ordenado el oficio de cura], 28; citado de *Writings of the Reverend and Learned John Wycliffe* [Los escritos del reverendo y erudito John Wycliffe] (Londres: Gospel Tract Society, 1831), 185.

5. John Wycliffe, *Antichrist's Labour to Destroy Holy Writ* [La labor del Anticristo de destruir la Sagrada Escritura], 1; citado de *Writings of John Wycliffe* [Los escritos de John Wycliffe], 172.

6. John Wycliffe, *Wicket*, citado en *Writings of John Wycliffe* [Los escritos de John Wycliffe], 156.

7. John Wycliffe, *Saints Day Sermons* [Sermón del día de los Santos]; citado en *Life and Times of John Wycliffe* [La vida y los tiempos de John Wycliffe], 142.

8. Nota del traductor: Perteneciente a la región de Bohemia en la actual República Checa. Así en el resto de la Lección 9.

9. Jan Hus, citado en *550 Years of Jan Hus' Witness* [550 años del testimonio de Jan Hus] (World Alliance of Reformed Churches, 1965), 1-2.

10. Jan Hus, *De Ecllesia*, citado en Matthew Spinka, *John Hus' Concept of the Church* [El concepto de Iglesia de Jan Hus] (Princeton, NJ: Princeton University Press, 1966), 121.

11. Jan Hus, citado en «John Huss», *Christianity Today*, en línea en: https://www.christianitytoday.com/history/people/martyrs/john-huss.html

12. Miles J. Standford y William B. Forbush, eds. *Foxe's Book of Martyrs* [El libro de los mártires de Foxe] (Grand Rapids: Zondervan, 1967),143. Véase también David S. Schaff, *John Huss after Five Hundred Years: His Life, Teachings, and Death* [John Huss después de quinientos años: Su vida, enseñanzas y muerte] (Nueva York: Charles Scribner's Sons, 1915), 19.

LECCIÓN 10

1. Martín Lutero, citado en Larry Stone, *The Story of the Bible* [La historia de la Biblia] (Nashville: Thomas Nelson, 2010), 65.

2. Martín Lutero, citado en J. H. Merle D'Aubigne, *History Of The Reformation Of The Sixteenth Century* [La historia de la Reforma del siglo XVI] (Nueva York: Robert Carter and Brothers, 1850), 185.

3. Martín Lutero, «Lectures on Galatians, 1535» [Conferencias sobre Gálatas], en *Luther's Works* [Las obras de Lutero], vol. 26, traducción de Jaroslav Pelikan (San Luis: Concordia, 1963), 57-58.

4. *Confesión de Ginebra de 1536,* 1. Traducido de Arthur C. Cochrane, ed., *Reformed Confessions of the Sisteenth Century* [Confesiones reformadas del siglo XVI] (Louisville: Westminster John Knox Press, 2003), 120.

5. Martín Lutero, cita adaptada de la traducción de Bard Thompson, *Humanists and Reformers: A History of the Renaissance and Reformation* [Humanistas y reformadores: Historia del Renacimiento y la Reforma] (Grand Rapids: Eerdmans, 1996), 388.

6. Martín Lutero, citado en James M. Kittelson y Hans H. Wiersma, *Luther the Reformer* [Lutero, el reformador] (Mineápolis: Fortress Press, 2016), 96.

7. Martín Lutero, traducido por Roland Bainton, *Here I Stand* [Aquí estoy] (Nashville: Abingdon Press, 2013), 182.

8. Martín Lutero, «Two Kinds of Righteousness» [Dos tipos de justicia], en *Martin Luther's Basic Theological Writings* [Escritos teológicos básicos de Martín Lutero] (Mineápolis: Fortress, 1989), 156-158. Citado de William Webster, *The Gospel of the Reformation* [El evangelio de la Reforma] (Battle Ground, WA: Christian Resources, 1997), 72-73.

9. Martín Lutero, *Commentary on Galatians* [Comentario a Gálatas], Traducción al inglés de Erasmus Middleton, ed. John Prince Fallowes (Grand Rapids: Kregel, 1979), 172. versión en inglés actualizada para mayor claridad.

10. Calvino, *Institutes of the Christian Religion* [Institución de la Religión Cristiana], edición de 1559, Library of Christian Classics 20-21, ed. de John T. McNeil, traducción al inglés de Ford Lewis Battles, 2 vols. (Filadelfia: The Westminster Press, 1960), 1:726-27.

11. Juan Calvino, *Institutes of the Christian Religion* [Institución de la Religión Cristiana], 3.11.23. Battles, 1:753.

12. Juan Calvino, *A Little Book on the Christian Life* [Un pequeño libro sobre la vida cristiana], Traducción al inglés de Aaron Clay Denlinger y Burk Parsons eds. (Orlando, FL: Reformation Trust, 2017), 11.

13. Juan Calvino, *Institutes of the Christian Religion* [Institución de la Religión Cristiana], Battles, 1:13.

14. Juan Calvino, *Institutes of the Christian Religion* [Institución de la Religión Cristiana], Battles, 1:41.

LECCIÓN 11

1. Para leer todas las resoluciones de Edwards, véase Jonathan Edwards, *Jonathan Edwards' Resolutions and Advice to Young Converts* [Las resoluciones de Jonathan Edwards y un consejo para los jóvenes convertidos], ed. Stephen J. Nichols (Phillipsburg, NJ: P&R Publishing, 2001).

LECCIÓN 12

1. Anthony Norris Groves, *Journal of a Residence at Bagdad: During the Years 1830 and 1831* [Diario de una residencia en Bagdad: Durante los años 1830 y 1831] (Londres: James Nisbet, 1832), 228.

2. Elisabeth Elliot en *World Christian: Today's Missions Magazine,* vol. 7 (1988), 29.

3. Adoniram Judson, citado en *The Missionary Review of the World,* vol. 13, eds. J. M. Sherwood y A. T. Pierson (Nueva York: Funk & Wagnals, 1890), 562.

4. Paul Borthwick, «Adoniram Judson: Endurance personified» [Adoniram Hudson: la resistencia personificada]. Citado por Jonathan McRostie, «Comfort», *Linking Together,* s.f. *Linking Together* es el boletín de los socios mundiales de Operación Movilización.

5. Citado en Norman Grubb, *C. T. Studd: Cricketer and Pioneer* [C. T Studd: Jugador de críquet y pionero] (Cambridge: Lutterworth Press, 2014), 33.

6. *Ibid.*

7. *Ibid.,* 35.

8. *Ibid.,* 132.

9. Poema de C. T. Studd.

10. Charles H. Spurgeon, «Forward!» [¡Adelante!] en *An All-Around Ministry* [Un ministerio integral] (Carlisle, PA: Banner of Truth, 2000), 55-57.

LECCIÓN 13

1. B. B. Warfield, *The Inspiration and Authority of the Bible* [La inspiración y autoridad de la Biblia] (Phillipsburg, NJ: P&R, 1990), 133.

2. B. B. Warfield, citado en Roy B. Zuck, *Basic Bible Interpretation* [La interpretación básica de la Biblia] (Colorado Springs, CO: David C. Cook, 2002), 7.

3. B. B. Warfield, «The Inspiration of the Bible» [La inspiración de la Biblia] , 614-40, *Bibliotheca Sacra* 51/104 (octubre de 1894), 621.

4. B. B. Warfield, *The Power of God Unto Salvation* [El poder de Dios para salvación] (Filadelfia: Presbyterian Board of Education, 1903), 49.

5. B. B. Warfield, «Christianity and the Resurrection of Christ» [El cristianismo y la resurrección de Cristo], en *The Bible Student and Teacher: January to June 1908,* vol. 8 (Nueva York: American Bible League, 1908), 282.

6. B. B. Warfield, «The Deity of Christ» [La deidad de Cristo], en *The Fundamentals: A Testimony of the Truth* [Los fundamentos: un testimonio de la verdad], ed. R. A. Torrey, A. C. Dixon, et al. (Los Ángeles: Instituto Bíblico de Los Ángeles, 1917), 2:239-46.

7. B. B. Warfield, «The Resurrection of Christ a Fundamental Doctrine» [La resurrección de Cristo, una doctrina fundamental], 281-298, en *The Homiletic Review* 32/4 (octubre de 1896), 296.

8. Philip Mauro, «Life in the Word» [La vida en la Palabra], *The Fundamentals,* 2:168.

9. A. C. Dixon, «The Scriptures» [Las Escrituras], *The Fundamentals,* 4:270-271.

10. George Pentecost, «What the Bible Contains for the Believer» [Lo que la Biblia contiene para el creyente] *The Fundamentals,* 4:278-79, 84.

NOTAS

NOTAS

NOTAS

NOTAS